《中等职业学校学前教育专业系列教材》编委会

ZHONGDENG ZHIYE XUEXIAO XUEQIAN JIAOYU ZHUANYE XILIE JIAOCAI BIANWEIHUI

中等职业学校学前教育专业系列教材

哲学与人生

ZHEXUE YU RENSHENG

主　编：饶友妹

副主编：李连华　夏成学　谢少华

编　者：王　娟

2020春考5班

赵晨阳

華中師範大學出版社

图书在版编目（CIP）数据

哲学与人生 / 饶友妹主编.

—武汉：华中师范大学出版社，2012.7(2020.10 重印)

(中等职业学校学前教育专业系列教材)

ISBN 978-7-5622-5539-0

Ⅰ.①哲… Ⅱ.①饶… Ⅲ.①哲学－中等专业学校－教材 Ⅳ.①G634.211

中国版本图书馆 CIP 数据核字(2012)第 118898 号

哲学与人生

© 饶友妹 主编

策划编辑：张红梅　　责任编辑：刘沁怡

责任校对：王 炜　　封面设计：新视点

出版发行：华中师范大学出版社

社　　址：湖北省武汉市珞喻路 152 号　　邮　　编：430079

销售电话：027-67863426　67861549

网　　址：http://press.ccnu.edu.com　　电子信箱：press@mail.ccnu.edu.cn

印　　刷：湖北新华印务有限公司　　督　　印：刘 敏

字　　数：155 千字　　印　　张：13

开　　本：787mm × 1092mm　1/16

版　　次：2012 年 8 月第 1 版　　印　　次：2020 年 10 月第 7 次印刷

定　　价：38.00 元

欢迎上网查询、购书

前言 QIAN YAN

马克思说："任何真正的哲学都是时代精神的精华。"马克思主义哲学是我们时代精神的精华，是科学的世界观和方法论，是一个开放的体系，是一门发展的科学。《哲学与人生》作为中等职业学校学前教育专业思想政治课教材，是为适应幼儿教育事业发展的需要编写的。它以科学发展观为指导，坚持解放思想、与时俱进，紧密联系我国社会主义现代化建设的实践和幼儿教育事业发展的实际；它坚持正确的政治方向，把帮助学生树立科学的世界观、人生观和价值观作为贯穿全书的灵魂，把引导学生如何做人、走好人生路作为出发点和落脚点。

创新是一个民族发展不竭的动力和源泉。把哲学与人生结合起来，与最新的社会改革和发展实践结合起来，既是对哲学课程的发展创新，也是运用哲学基本原理指导和解决人生问题的具体体现。在编写的过程中，我们借鉴了普通高中和中等职业教育等有关的哲学教材，注重教材使用者的中等知识结构、学前教育专业特点，致力于思想政治方向的引导、幼师学生成长成才的特点、身心和认识的发展规律、实际需要和人生经验来编写。在选材方面，我们坚持所选内容要有利于学生正确的世界观、人生观、价值观的形成，有利于学生的全面发展和可持续发展，有利于学生创新精神和实践能力的培养，有利于学生成为合格的幼儿教育工作者。要让学生真正认识到：哲学是他们人生中必不可少的一门课程，不学好这门课，就难以正确地认识世界和改造世界，难以立足于社会，难以有一个成功的人生。

在教材内容和结构上，我们始终紧扣人生主题，立足社会发展的实际，把握时代脉搏，着眼于学生发展的需要，把理论观点的阐述寓于丰富多彩的生活之中，力图实现学科知识与社会生活、理论呈现与学生认知过程的有机统一，努力构建以人生为基础，以马克思主义哲学学科知识为支撑的课程板块。在教材体系上，我们主张以寻找人生的向导为起点，引领学生步入马克思主义哲学的殿堂，了解马克思主义哲学的基本内容，从而帮助学生树立科学的世界观和方法论，学会运用马克思主义的立场观点去分析和解决人生中遇到的各种问题。人生发展需要哲学智慧的指导，智慧的人生放射着哲学的光辉。本教材的编写，同时着眼于学生的辩证思维素质、创新精神和实践能力的培养，强调课程实施的开放性和实践性。人生犹如长跑，暂时的领先并不代表永远的领先。以哲学的智慧、生活的智慧，引导学生进行正确的价值判断和行为选择，奠定学生健康成长的思想基础，播下人生智慧的种子是本教材的神圣使命。

为了调动学生的学习积极性，本教材采用了灵活多样的形式，设置了丰富的栏目。在阐明马克思主义哲学基本原理的同时，选用一些学生生活中的案例或现实社会中的热点事件加以分析和佐证。在语言风格上，一改过去哲学教材的抽象枯燥，做到通俗易懂、化虚为实、化繁就简，将观点和材料相结合，贴近学生、贴近生活、贴近时代，既增强了教材的可读性，又能培养学生思考问题的习惯，增强学生分析问题和解决问题的能力。

本教材划分为六章，饶友妹编写第一章、第五章，夏成学、王娟编写第二章，谢少华编写第三章、第四章，李连华编写第六章。本书的策划、纲目和统稿工作由饶友妹完成。由于编者的水平有限，加之编写的时间仓促，书中肯定还有不少不当之处，敬请读者批评指正。

编 者

CONTENTS

目录

目录

哲学与人生

第一章
科学的世界观和方法论
——寻找人生的向导

本章导学

哲学是关于世界观的学问，是理论化系统化的世界观。哲学的基本问题是物质与意识的关系问题，千流百派的哲学思想都是依据对哲学基本问题的不同回答而区分的。唯物主义经历了三种历史形态：古代朴素唯物主义，近代机械唯物主义，马克思主义的辩证唯物主义。唯心主义的基本形态有两种：主观唯心主义和客观唯心主义。马克思主义哲学是人类历史上一切优秀思想的结晶，是科学的世界观和方法论，是我们认识世界的伟大工具。

在中华民族崛起的伟大时代，青少年是这个民族的未来。梁启超说：“少年智则国智，少年强则国强，少年独立则国独立，少年自由则国自由，少年进步则国进步，少年胜于欧洲则国胜于欧洲，少年雄于地球则国雄于地球。”世界范围的综合国力的较量，使得当今世界的科技竞争、知识竞争、人才竞争日趋激烈，青少年背负着国家和民族的未来，任重而道远。担当历史的重任，完善自己的人格，提高自身的素质，学会思维，学会做事，学会做人，是时代对我们的要求。正确的政治方向，正确的世界观、人生观和价值观与我们自身利益和未来的发展完全一致。真理从来都是有益于人的，谬误永远都是害人的。马克思主义哲学作为正确的世界观和方法论，是科学、是真理。人类发展需要科学，社会进步呼唤真理。同学们，学好马克思主义哲学，掌握这一认识世界和改造世界的伟大工具，就是找到了一位可靠的人生向导，受益终身。

一、关于世界观的学说

在汉语中，“哲”是有智慧的意思，人们称智慧卓越的人为哲人。人们也曾称哲学为“玄学”或“形而上学”，意思是说哲学是一门高深莫测的学问，要懂得哲学并不容易。在古希腊文中，“哲学”一词由“爱”和“智慧”两部分组成。本义Philosophy源自对希腊的学术名词的翻译：

Philo + sophia = Philosophy

爱+智慧=爱智慧/思考的乐趣

哲学就是给人以智慧、使人聪明的学问。这种词源上的解释，虽然指出了哲学的本义，但并非所有的哲学都能使人聪明。荒谬的哲学观点可以把人引入歧途，科学的哲学理论才能赋予智慧、启迪人生。那么，什么是哲学呢?

（一）哲学是关于世界观的学问

所谓世界观就是人们对整个世界及人和世界关系的根本观点和根本看法。人们生活在这个世界上，总是要与周围的人和事物接触，受到来自各方面思想的影响，逐步认识各种事物和现象，形成与之相适应的各种观点，用以指导自己的行动。例如，人们有了对自然、社会、国家、道德、婚姻、美丑、生死的看法，便有了自己的自然观、社会观、国家观、人生观、道德观、恋爱观、审美观和生死观。这些都是对世界某一方面事物和问题的看法和观点。随着经验和知识的积累，人们的眼界逐步扩大，渐渐形成了关于世界的本质、人和周围环境的关系、人和人之间的关系的总的观点和总的看法。这就是我们通常所说的世界观。

哲学作为世界观的学说，它根植于我们的实际生活中，并不是什么高深莫测的玄学。了解这一点，有助于我们破除“哲学神秘论”。

有一位八十多岁的老太太冒着雨爬上武当山的金顶，三跪九叩祈求真武大帝保佑她的孙子考上理想的大学，并保佑她全家平平安安。老人家这么大年纪之所以敢冒险攀登武当山，是因为在她的心目中，“神”支配了她一家人的命运。

马克思早在中学读书时，目睹了社会的黑暗、世道的不公，特别是劳动者贫困的生活和不幸的遭遇，激起他深切的同情，促使他确立了为人类谋福利的崇高志向。他在中学毕业时写的作文《青年在选择职业时的考虑》中，明确表达了这个志向。马克思写道：“如果一个人只为自己劳动，他也许能够成为著名学者、大哲人、卓越诗人，然而他永远不能成为完美无疵的伟大人物。”“如果我们选择了最能为人类谋福利的职业，那么，重担就不能把我们压倒，因为只是为大家而献身，那时我们所感到的就不是可怜的、有限的、自私的乐趣，我们的幸福将属于千百万人，我们的事业将默默地、但是永恒发挥作用地存在下去。而面对我们的骨灰，高尚的人们将洒下热泪。”这些表明，当时只有17岁的马克思已经具有常人所没有的志向和抱负。

世界观人人都有，只是有自觉和不自觉的区分罢了。那位登山拜神的老太太可能压根儿没有听说过“世界观”三个字，也可能从来没有意识到自己的行为是受某种世界观的支配；而马克思在作文中所表达的思想是他正确的世界观的自觉体现。

（二）哲学是理论化、系统化的世界观

虽然世界观人人都有，但并不能说人人都是哲学家。因为在通常情况下，一般人的世界观是在实践中自发形成的，这种世界观往往是零碎的不系统的，还没有上升到理论高度，因而它不是哲学。哲学是理论化、系统化的世界观。哲学作为一门专门培养思维方式的学问，需要经过系统的学习和训练才能掌握。了解这一点，有助于我们破除哲学“简单化”的观点。

宗教也是一种世界观，它对世界的本质、本原提出了自己的观点，认为世界是由超自然的力量支配，是神创造的。但宗教不是理论化的世界观。哲学立足于理论论证，有一整套的理论观点，用讲理论的方法使别人接受他的观点。宗教则笃信上帝或神灵的存在，它需要的是内心的信仰，是卑微的个人对超自然力量的膜拜。如果说哲学诉诸于沉思的理性，那么宗教则使人沉醉于狂热的感情。

人生观是世界观在对待人生问题上的具体运用，世界观在很大程度上决定着人生观。它支配着人们对人生道路的选择，影响着人们对人生追求的目标、怎样做人、做一个什么样的人以及人的一生怎样度过才有意义等问题的看法，它贯穿于人们的生活理想、信仰和抱负之中，表现为对人生的幸福、苦乐、荣辱、生死及恋爱、婚姻、家庭等所持的态度。总之，一定的世界观总是体现为一定的人生观。

方志敏烈士在敌人的监狱中写下了《可爱的中国》一文。文中有这样的一段话：“为着阶级和民族的解放，为着党的事业的成功，我毫不希罕那华丽的大厦，却宁愿居住在卑陋潮湿的茅棚；不希罕美味的西餐大菜，宁愿吞嚼刺口的苞粟和菜根；不希罕舒服柔软的钢丝床，宁愿睡在猪栏狗巢似的住所！”方志敏烈士的人生观是他的共产主义世界观的自觉体现。

（三）哲学既是世界观又是方法论

所谓方法论，即人们认识世界和改造世界的根本方法。用一定的世界观去指导认识世界和改造世界，就是方法论。有什么样的世界观就有什么样的方法论，世界观和方法论是一致的。

相关链接

李霞的启示

李霞，宋庆龄幼儿园的一名普通的保育员，在平凡的工作中摸索出了一套“李霞式”教育方法，被破格升为幼教高级教师。中国福利会召开了“李霞的启示——关于幼儿教师专业发展的对话”研讨会，探讨“李霞现象”背后的启示。

在幼儿园，很多“科班出身”的专业教师往往以自我为中心对孩子进行教育；但保育员出身的李霞，却以孩子为中心，通过观察孩子，引导孩子自然成长。“旁观孩子”成就了她独特的专业智慧。

2004年12月，2岁多的英国男孩汤米来到李霞的班级。这个小男孩明显不同于其他同龄的孩子：经常陶醉于自我世界，自顾自发笑，对声音没有反应、对环境冷漠并从不与人的目光对视。“他是不是自闭症?”李霞产生了这样的担忧。但她不敢轻易下结论，而是开始记录汤米的行为，并给予他更多的关心和交往训练；下班后，李霞搜集了关于自闭症的资料，比对着汤米的行为进行分析。在连续一个多月的观察后，李霞拿着详细的记录本找到汤米的父母，建议他们找专业医生诊断。汤米被确诊存在语言功能障碍，但由于康复干预早，短短一年后他就能与正常孩子一起拥抱、游戏、欢笑，现在的汤米活泼好动、能唱能跳，完全成了一个健康自信的孩子。

从汤米开始，李霞养成了每天旁观、记录的习惯。截至目前，她已经积累了近十万字的观察记录，从而引导孩子的行为、语言，形成了从教心得……学习、观察、反思、总结，李霞独特的教学探索与研究形成了自己的风格，目前，她已有近十篇专业论文在全国核心期刊上发表。

在每一天的日常保育工作中虚心学习并观察摸索，成为李霞“自学成才”的好办法，她的专业能力得到快速发展。2002年，李霞获得全票通过，破格从保育员转任幼教二级教师，她也成为宋庆龄幼儿园第一个升格为专业教师的保育员。“关于2～3岁孩子的特点及如何教养，李霞给出的意见总是很有权威性，她是园内这个年龄段幼儿教养的专家。”宋庆龄幼儿园园长封莉蓉说。

点评：“跟孩子在一起是我最开心的事，因为这是一个很好玩的工作。”这是李霞最爱说的一句话。是的。爱，成就了李霞！李霞所做的一切都源自于对孩子的爱。

无产阶级要按照自己的世界观改造世界，资产阶级也要按照自己的世界观改造世界。

名言

——毛泽东

（四）哲学与各门具体科学既有区别又有联系

哲学与各门具体科学的研究对象不同。具体科学研究的是客观世界的某一方面、某一领域的特殊规律。哲学把整个客观世界作为自己的研究对象，它所研究的是整个客观世界，即关于自然界、人类社会和思维发展的最普遍、最一般的规律。哲学是关于自然知识、社会知识和思维知识的概括和总结。

哲学与各门具体科学之间又存在着密切的联系。一方面，哲学是对具体科学的概括和总结，当然要以具体科学为基础，随具体科学的发展而发展；另一方面，哲学对具体科学有指导作用。每个时代的具体科学的发展，总要受到那个时代哲学思想的影响和支配。那种只要哲学不要具体科学、主张用哲学代替一切的“代替论”是错误的；那种只要具体科学不要哲学，否认哲学对具体科学的指导作用的“取消论”也是错误的。

获得“国家杰出贡献科学家”荣誉称号的钱学森，在物理学上造诣很深，享誉海内外。他在科学研究中，深得哲学思维的启发，曾深有感触地说：“我近三十年来一直在学习马克思主义哲学，并总是试图用马克思主义哲学指导我的工作。马克思主义哲学是智慧的源泉！”

我愿意用我所有的科技去换取和苏格拉底相处的一个下午。

名言

——史蒂夫·乔布斯

相关链接

哲学家和船夫

从前，有一个哲学家过河。在船上，他问船夫：“朋友，你懂哲学吗？”船夫说：“什么是哲学呀？我不懂。”哲学家得意洋洋地说：“哲学你都不懂，你的人生还有什么意义呢，你等于失去了二分之一的生命。”船到了河的中间，突然之间起了风浪，小船左右摇摆，有的地方都进水了，船好象要沉下去，哲学家很害怕。这时候，船夫说话了，他问哲学家："先生，你会游泳吗？"哲学家听了摇了摇头说："我不会，赶快救我。"船夫笑着说："游泳你也不会，你的人生有什么意义呢，你将要失去全部的生命了。"

二、百家争鸣的思想流派

哲学所研究的既然是整个世界，那它涉及的问题必定是很广泛的，但在诸多问题中，最基本的问题是思维和存在的关系问题。思维，是指人的意识、思想、观念等主观的东西。存在，是指物质、存在物等客观实在的东西。思维和存在的关系问题，也就是意识和物质的关系问题。

全部哲学，特别是近代哲学的重大的基本问题，是思维和存在的关系问题。

名言

——恩格斯

哲学的基本问题主要包括两个方面：第一方面，物质和意识哪个是世界的本源，哪个是本原派生的，也就是哪个是第一性、哪个是第二性的问题；第二方面，意识能不能认识现实的物质世界，即世界是不是可以认识以及如何认识的问题。

（一）对物质和意识何者为第一性的不同回答，是区分唯物主义和唯心主义的唯一标准

古往今来，哲学思想千流百派，种类繁多，但归根到底都分属于唯物主义和唯心主义两个基本派别。在哲学领域中，凡认为物质是第一性的、意识是第二性的，就是唯物主义；凡认为意识是第一性的、物质是第二性的，就是唯心主义。

物质和意识的关系问题，不仅是哲学家不能回避的，任何一个人也都回避不了。比如，你是一个幼儿教师，你就得处理好幼儿的年龄特征、认知能力与选用教材和教法的关系。幼儿的身心发展状况是第一性的，教材和教法的选用是第二性的，如果反过来，不看教学对象，拿着教材就去上课，大班幼儿用小班的教材，小班幼儿用大班教材，那就闹笑话了。又比如，你是一个医生，你就得处理好病情和处方的关系，病情是第一性的，处方是第二性的，如果反过来，搞点唯心主义，那病人可就倒霉了，轻者贻误了病情，重者害了性命。再比如，你是一个法官，你就得处理好案情与判决的关系，案情是第一性的，判决是第二性的，如果

你反过来，凭主观想象办案，那就会出现冤案、假案、错案。在实际生活中，凡是办得好的事情，都是自觉或不自觉地遵循了物质第一性、意识第二性的原则。

对于文物的鉴定，自古以来，由于保存条件、记录手段的限制，始终依靠肉眼判断。从宋徽宗对唐代书画的鉴藏，到明代董其昌根据古籍而将过眼字画乱定名字，直到近代吴湖帆、张大千、徐悲鸿等收藏大家对绝世珍品的鉴定，无不依靠肉眼来完成。既然是主观判断，就难免经常发生失误。例如，大画家黄宾虹为故宫鉴定藏画，竟然将大量宋元古画定为赝品，理由简单而武断——“宋元至今几百年，这些古画怎么会保存得那么新?”

在哲学史上，唯物主义经历了三个历史形态：古代朴素唯物主义，近代机械唯物主义，马克思主义的辩证唯物主义。

古代朴素唯物主义承认世界是物质的，而不是神创造的，这无疑是正确的。但它把世界的本源归结为某一种或某一些具体的“原初”物质，以猜想代替现实，缺乏科学的论证，因而带有直观的性质。如我国古代的“五行说”把“金、木、水、火、土”看成是构成世界的五种最基本的元素。《国语·郑风》记载，伯阳父说：“土与金、木、水、火杂，以成百物。”战国时期，人们发现这五种物质在物理和化学上的某种关系，产生了五行相生相克的观念，即木生火、火生土、土生金、金生水、水生木；水克火、火克金、金克木、木克土、土克水。

相关链接

德谟克利特（前460—前370）提出了唯物主义的原子论。他认为，世界万物的本原是“原子”和“虚空”。他根据水可以蒸发，以及人们可以闻到物体散发出来的香味等现象，认为物质是由许多肉眼看不见的微粒构成的，这种微粒叫做“原子”。原子在虚空中，由于本身的急剧运动，彼此发生碰撞而结合在一起，构成了世界万物；原子的分散，就是物质的消失。德谟克利特认为，灵魂也是由原子组成的，只不过这些原子更精细、更光滑罢了。当这种原子聚集在一起的时候便产生了灵魂；当这种原子分散的时候，灵魂也就消失了。这种看法尽管不科学，但他打击了当时用神灵说明世界的唯心主义。

近代机械唯物主义，是在近代自然科学长足发展的时代产生的，它把物质结构的原子看作世界的本原，这虽然比古代朴素唯物主义前进了一步，有了一些自然科学基础，但是经不起自然科学发展的考验，因而具有机械性、形而上学性和不彻底性。

辩证唯物主义是马克思和恩格斯在19世纪中叶创立的，它把唯物主义和辩证法有机地结合起来，把唯物主义的观点贯彻到历史领域，实现了辩证唯物主义和历史唯物主义的统一。

形而上学一词，在古希腊文中的原意是“物理学之后”。古希腊时期，有人在编纂亚里士多德（前384—前322）的著作时，把论述有形物体的著作放在前面，取名为物理学，把研究哲学问题的著作放在后面，叫做“物理学之后”。汉语的“形而上学”来自古代《易·系词》中的一段话：“形而上者谓之道，形而下者谓之器。”学者们把“物理学之后”译为形而上学。不过，马克思主义哲学所讲的形而上学是指与辩证法相对立的世界观和方法论。它用孤立的、静止的、片面的观点看世界。辩证法和形而上学的斗争贯穿于整个哲学史，同唯物主义和唯心主义的斗争交织在一起，并从属于唯物主义和唯心主义的斗争。

唯心主义有两种基本形态：主观唯心主义，客观唯心主义。

主观唯心主义否认世界的物质性，认为世界上的一切事物都是主观意识的产物。如我国明代的王阳明（1472—1529）认为：“心外无物”，“天地万物皆在我心中”。英国的贝克莱（1685—1753）认为“存在就是被感知”，“物是观念的集合”。他们的共性是把“我”的主观意识作为世界的本原。

“只要闭上眼睛，世界上就没有什么悬崖。”

客观唯心主义认为，世界的本原不是某一个人主观意识的产物，而是存在于自然界和人类社会之外的“客观”的精神的产物。这个“客观精神”被古希腊的柏拉图（约前427年—前347年）称作“理念”、德国的黑格尔（1770—1831）称作“绝对精神”、中国的朱熹称作“理”。

相关链接

王阳明认为人人都有良知，这种良知是先天就具有的道德善性和认识本能，不假外求。有一天，王阳明的弟子抓了一个小偷，王阳明对小偷大讲良知，小偷听了大笑：“我是个窃贼，良知在哪里呢？”王阳明没有直接回答小偷的问题，而是先叫小偷脱光上身的衣服。小偷脱掉了上衣，王阳明才说："天这么热，为什么不把裤子也脱掉?"小偷犹豫地说："这，好像不太好吧。"王阳明对着小偷大喝一声："这就是你的良知!"在王阳明看来，小偷的本心被蒙蔽了。如果唤醒他的良知，他就能分辨善恶，成为一个好人。

主观唯心主义和客观唯心主义，尽管形式不同，但本质都是一样的，都是颠倒了物质和意识的关系，主张意识第一性、物质第二性，因而是错误的。

（二）哲学基本问题的第二方面，是意识能否反映物质的问题，这是划分世界可知论与不可知论的基本依据

不可知论者怀疑人的认识能力，认为世界是无法认识或者是无法彻底认识的，意识是不能反映物质的。可知论者认为世界是可以认识的，人的意识不仅能够反映事物的现象，而且能够反映事物的本质和规律。

唯物主义者一般持可知论观点。彻底的唯心主义者（如黑格尔等）也认为世界是可知的。在哲学史上，不可知论的典型代表是英国的休谟（1711—1776），他认为，"知觉"是唯一的实在，知觉以外，一切不可知。

相关链接

古希腊的不可知论者皮浪，对一切都持怀疑态度，坚持对事物"不做任何判断"，对一切都无动于衷，以求得内心的宁静。有一次在船上，皮浪和同伴遇到风暴，别人都吓坏了，皮浪却安然自得。他指着一头正津津有味吃食的猪说："智者就应当像这头猪一样，对一切都无动于衷。"

三、马克思主义哲学是科学的世界观和方法论

马克思主义哲学产生于19世纪中叶，它是无产阶级利益的哲学表现，是人类历史上一切优秀思想的结晶，是哲学发展史上的伟大变革。

（一）马克思主义哲学是时代的产物

马克思主义哲学的产生，有着深刻的社会历史原因。19世纪上半叶，资本主义经济的发展已有三百年的历史，资本主义的生产方式在西欧的英、法、

德等国占据统治地位。伴随着机器大工业的迅速发展，无产阶级逐步壮大，无产阶级和资产阶级之间的斗争日益尖锐。在斗争中，无产阶级迅速觉醒，并作为独立的政治力量登上了历史舞台。

相关链接

法国里昂工人起义。里昂在19世纪是法国第二大城市，是纺织工业的中心。那时里昂的工人每天劳动15小时以上，所得工资只能买一磅面包。饥寒交迫的工人曾多次要求增加工资，都被资本家拒绝。1831年11月，不堪忍受剥削和压迫的工人，提出“劳动不能生活，毋宁战斗而死”的口号，组织起义。经过三天的浴血奋战，一度控制了里昂市，并俘虏了反动政府的省长和将军。1834年4月，里昂工人再次起义，进一步提出了“建立共和国”的鲜明政治口号。他们在旗帜上写着：“不共和毋宁死!”起义在反动政府的镇压下，经过六天血战，最终失败。

英国工人阶级的宪章运动。1836年英国工人阶级开展了声势浩大的争取普选权的“人民宪章运动”，运动持续时间达十年之久，曾先后三次向国会呈递请愿书，形成三次高潮。最高潮的1842年，在请愿书上签名的有300多万人，占英国成年男子的一半以上。但请愿书遭到国会的否决，宪章运动也最终失败。

德国西里西亚工人起义。德国工人本来就受着封建主义和资本主义的双重压迫，生活十分困苦。19世纪40年代，当地资本家为了同英国的商品竞争，大量降低工人的工资，因而激起了工人更大的愤怒。1844年6月，西里西亚纺织工人举行起义，第一次提出了推翻私有制的口号。

欧洲三大工人运动的失败，使无产阶级深刻地认识到，要摧毁资本主义旧世界，建立一个新世界，迫切需要一个能够代表自己利益和正确指导自己行为的理论。马克思主义哲学的产生就成了时代的需要和迫切的历史任务。建立科学的哲学，这一历史使命是由马克思、恩格斯实现的。他们亲自参加无产阶级的革命实践，总结了革命斗争的经验，又充分研究和吸收了当时最新的自然科学和人类以前的一切优秀的思想成果。

马克思主义哲学的产生又有其自然科学前提。19世纪上半叶自然科学的巨大发展，特别是能量守恒与转化规律、细胞学说和达尔文的生物进化论这三大科学发现，使人们对自然界事物的普遍联系和发展规律有了深刻的认识。这就为马克思主义哲学的产生奠定了自然科学基础。

由于这三大发现和自然科学的其他巨大进步，我们现在不仅能够指出自然界各个领域内的过程之间的联系，而且总的说来也能指出各个领域之间的联系，这样我们就能够依靠自然科学本身所提供的事实，以近乎系统的形式描绘出一幅自然界联系的清晰画面。

名言

——恩格斯

马克思主义哲学的产生还有其自己的理论来源。它批判地继承了人类历史上的优秀思想成果，其中，黑格尔的辩证法和费尔巴哈的唯物主义，是马克思主义哲学的直接理论来源。

黑格尔（1770—1831）的辩证法是唯心主义的辩证法；费尔巴哈（1804—1872）的唯物主义是形而上学的唯物主义，在历史观上和以往所有的唯物主义一样，也是唯心的。马克思、恩格斯抛弃了黑格尔的唯心主义体系，批判地吸收了他的辩证法的“合理内核”；抛弃了费尔巴哈的形而上学和他的历史观的唯心主义，批判地吸收了他的唯物主义的基本思想。

相关链接

恩格斯渊博的知识举世闻名，他同马克思一起创立了马克思主义哲学、政治经济学、科学社会主义的理论。同时，他对文学、史学、军事、语言学和自然科学的许多门类，都有深刻的研究和精湛的见解。马克思称他为活的“百科全书”。

恩格斯并没有上过大学，他的渊博学识主要靠勤奋学习得来。他的兴趣极为广泛，几乎涉及社会科学和自然科学的各个领域，并在许多领域中取得创造性的成果。21 岁时，他就公开批判当时在德国很有名望的哲学家谢林。为了确立辩证唯物主义的自然观，他曾用八年的时间研究数学和自然科学。为了钻研物理学、化学，他在 45 岁时学习微积分。

恩格斯能用 12 种语言演讲和写作，能用 20 种语言阅读。他利用这些语言知识，及时了解各国工人运动的情况，对国际政治形势作出判断；同时把马克思和自己的著作翻译成各种文字，这对马克思主义的传播起了不可估量的作用。

（二）马克思主义哲学是哲学史上的伟大变革

马克思主义哲学的产生是人类认识史上的空前革命。马克思、恩格斯在人类历史上第一次在科学的基础上把唯物主义和辩证法有机地结合起来，创立了辩证唯物主义，并第一次把唯物主义贯彻到社会历史领域，创立了历史唯物主义。马克思主义哲学是辩证唯物主义和历史唯物主义的统一。

马克思主义哲学具有鲜明的无产阶级党性。它公然申明自己代表无产阶级的利益，是无产阶级推翻资本主义制度、建立社会主义和共产主义社会的思想武器。

马克思主义哲学具有鲜明的实践性。它强调理论对于实践的依赖关系，理论的基础是实践，反过来又为实践服务。马克思主义哲学是实践的哲学，它的使命不仅是解释世界，更重要的是能动地改造世界。它来自于实践，为实践服务，并在实践中不断发展。

（三）学习马克思主义哲学的意义

第一、学习马克思主义哲学，可以帮助我们逐步树立科学的世界观、人生观和价值观，做一个幸福的人。作为幼儿教师，我们的世界观和人生观的状况如何，都将直接作用于幼儿，影响着幼儿的成长。作为一个从事幼教事业的年轻人，热爱幼儿教育事业，树立正确的儿童观和教育观，这是自己幸福人生的源泉。学好马克思主义哲学，树立科学的世界观和人生观，就是找到一位可靠的人生向导。

相关链接

一段时间以来，相亲节目十分火热，拜金主义思潮甚嚣尘上。有人说：“我找对象的条件很简单，无非是：房子、车子、票子。至于人嘛，过得去就可以。”也有人说：“我宁愿住在豪宅里哭，也不愿住在陋室里笑。”还有人在媒体上公开表示：“我宁愿坐在宝马里哭，也不愿坐在自行车上笑。”你认为这些拜金者在拜金主义人生观的指导下会有一个幸福的人生吗？

第二、学习马克思主义哲学，可以锻炼我们的思维能力，帮助我们掌握科学的思维方法，做一个有智慧的人。我们所从事的幼儿教育事业，是培养祖国花朵的美好事业，也是培养一代创新人才的奠基事业。我们的事业不仅需要我们的幼儿教师具备广博的科学文化知识、一定的艺术理论及技能技巧、扎实的专业理论知识和专业实践能力，而且需要具备较高的理论思维能力。作为个人，理论思维能力的高低是人的智力发展水平的重要标志，是人们从事其他一切活动的基本功。

马克思主义哲学是智慧之学，具有帮助我们提高思维能力的作用。

名言

一个民族要想站在科学的最高峰，就一刻也不能没有理论思维。

——恩格斯

第三、学习马克思主义哲学，可以帮助我们在实际生活中学会做事，做一个事业有成的人。马克思主义哲学是科学方法论，它揭示了世界发展的一般规律，提出了一系列科学的行为准则，是人们开创事业、完成各项任务的有力保证。作为教师，我们的工作是神圣而富有创造性的，面对不同的教育对象，教无定法，贵在得法，最根本的方法是唯物辩证法。掌握了唯物辩证法，就是掌握了成功人生的钥匙。

思考与训练

一、选择题

1. 下列有关世界观的说法中，正确的是（　　）

A. 世界观是人们对整个自然界的根本看法

B. 世界观是人们对整个世界以及人与世界关系的总的看法和根本观点

C. 世界观是人们对整个世界以及人和世界关系的科学观点

D. 有的人有世界观，有的人没有世界观

2. 世界观和方法论的关系是（　　）

A. 世界观和方法论相互决定

B. 方法论决定世界观，世界观体现方法论

C. 世界观决定方法论，方法论体现世界观

D. 世界观和方法论相互影响，相互促进

3. 对于哲学，我们应该这样认识（　　）

A. 哲学是理论化、系统化的世界观

B. 哲学是世界观与方法论的统一

C. 哲学是科学的科学

D. 哲学是科学的世界观和方法论

4. 一切哲学都是（　　）

A. 智慧之学　　B. 各门科学的总和

C. 理论化系统化的世界观　　D. 人们自发的世界观

5. 哲学基本问题的第一方面是划分（　　）

A. 唯物主义和唯心主义的标准　　B. 可知论和不可知论的标准

C. 辩证法和形而上学的标准　　D. 唯理论和经验论的标准

6. 思维和存在有无同一性的问题是指（　　）

A. 思维和存在能否在一定条件下等同起来

B. 思维能否认识存在的问题

C. 划分唯物论和唯心论的标准

D. 思维的至上性和非至上性的问题

二、问答题

1. 哲学的基本问题是什么？它包括哪两个方面？

2. 唯物主义经历了哪三种形态？

3. 唯心主义的基本形态有哪两种？

4. 学习马克思主义哲学对我们有什么重要意义？

三、辨析题

1. 哲学是关于世界观的学说，所以世界观就是哲学。

2. 哲学既是世界观又是方法论。

四、论述题

阅读下列材料，议一议胡忠、谢晓君的人生观对我们幼师学生成才的指导意义。

2012《感动中国》组委会授予胡忠、谢晓君的颁奖辞：

颁奖辞：他们带上年幼的孩子，是为了更多的孩子。他们放下苍老的父母，是为了成为最好的父母。不是绝情，是极致的深情；不是冲动，是不悔的抉择。他们是高原上怒放的并蒂雪莲。

推选委员于丹说：

这两位老师让我们知道：人最大的富庶在于爱和信念的坚持，他们用生命提携了孤儿的成长，在一个物质繁盛的时代里，他们仍然让世界相信：精神无敌。

刚刚过去的龙年春节，胡忠留在福利学校照顾孤儿们，谢晓君带着女儿回成都探亲。“能够担的就多担一些，春节嘛，让老师们都回去，我来陪着。”作为校长，胡忠眼中的福利学校是另一个家，这里的孤儿都是他的孩子。进藏至今，一家三口很少有机会聚在一起过年。

“成都少了一个我这样的老师，没有任何损失；但对藏区的孤儿而言，我的到来或许能改变他们的命运。”在颁奖典礼现场的胡忠，比视频中看起来更显苍老。11年前，这位成都中学的化学老师辞掉工作，告别妻子与刚出生的女儿，来到甘孜州康定县塔公乡支教，每个月仅有300多元的生活补助。

福利学校海拔3800米，甘孜州13个县、4个民族的143名孤儿被安排在这里寄宿制读书。除了上课，胡忠每天清晨5点多打开校园广播，叫大家起床、做操，平时要照顾他们的生活起居。一听说哪里有孤儿，他立马赶过去接人。久而久之，当地百姓把胡忠叫做“菩萨老师”。

丈夫离家的前两年，谢晓君都是利用假期过去探望，教音乐的她偶尔还客串几回代课老师。与孤儿们接触的次数多了，川妹子动了留下来的念头。2003年，谢晓君报名支教，在旁人不解的目光中，她抱着女儿，与丈夫在福利学校“会师”。

从盆地到高原，适应的过程充满了艰辛。刚来的几个月，3岁的女儿整晚咳嗽，谢晓君也因缺氧头疼，无法入睡。尽管也会抱怨，但不服输的性格让她迎难而上，“既然来了，说什么也不能打退堂鼓”。

通过自学朋友寄来的教材，谢晓君尝试过音乐老师以外的4种角色——数学、生物、生活老师以及图书管理员，顶替离开的支教同行。“这里只有老师适应孩子，只要对孩子有用，我就去学。”2006年，谢晓君调去了位置更偏、条件更苦的学校“木雅祖庆”。她把工作关系转到康定县，许诺“一辈子待在这儿”。

第二章 坚持一切从实际出发

——走好人生的每一步

本章导学

世界上的事物和现象是千变万化的，又是统一的，世界统一于物质。物质是运动的，物质的运动是有规律的。意识是地球上最美的花朵，但意识不是从来就有的，物质决定意识，意识对物质又具有能动作用。我们想问题、办事情既要尊重客观规律，坚持一切从实际出发、实事求是，又要充分地、正确地发挥主观能动性。

世界上的事物纷繁复杂、千变万化，人们在认识和改造它们的时候，必须处理好自己和这些外部事物之间的关系。我们不得不思考这样一个问题，这些千姿百态、形态各异的事物是在什么基础上统一起来的，又是以什么样的形式存在和发展着的呢？基于此，我们又该如何面对和选择自己的人生道路呢？一方面，世界是多样的。丰富多彩的世界为我们的人生道路提供了多维的发展空间，人类所从事的活动千千万万，我们可以根据自身的实际选择一条适合自己的发展道路。另一方面，我们又要认识到，多样的世界又统一于物质性。客观存在的物质世界在其运动、变化、发展过程中存在着不以人的意志为转移的客观规律，因此，我们想问题、办事情要做到一切从客观实际出发，而不能从主观愿望出发。作为幼儿教师，在人生道路的选择上，不仅需要理想、激情，更需要面对客观实际，脚踏实地，把积极的行动与尊重客观规律结合起来，充分发挥自觉能动性，自强不息，走好人生的每一步。

第一节 千变万化的物质世界

情景案例

学校组织大家到小太阳幼儿园实习，孟可被分到了宝宝班。孟可每天忙得手忙脚乱，但事情却没有做好。这边刚刚安慰好哭哭啼啼的孩子，那边又有小朋友尿裤子了；喂饭的勺子刚拿到手中，后面却有人把饭洒在了地上；刚拉开一对打架的，那头又多了两排牙齿印……问题总是接连不断地发生，让孟可很是头疼。她原本以为到幼儿园实习是一件轻松的事情，没想到接触下来还真不是她所想的那么回事，真是“纸上得来终觉浅，绝知此事要躬行”呀！学校组织的实习期只有两个星期，时间已经过去几天了，但孟可并没有得过且过。她想到，以后在工作中仍然会碰到这些问题，逃避不能解决问题，于是她除了做好日常工作，虚心向带班老师请教外，每天下班回到学校还会认真记录工作中的要点。通过学习和观察，她明白了小宝贝们并不是不喜欢幼儿园的生活，只是刚开始离家后出现了分离焦虑。在这种情况下，要适度地让孩子宣泄。她还不断反思，自我总结带宝宝班的规律，从幼儿的吃喝拉撒睡学等多方面制定托班计划。之后，她把这些规律运用到了平常的工作当中，这让她的工作由被动变主动，做到了事半功倍，得到了园长的认可，并请她毕业后加入小太阳幼儿园这个大家庭。

议一议：其实，我们以后也可能会遇到同样的问题，今天的孟可就是明天的我们，那么她的表现给了我们什么启示？

一、多样的统一与统一的多样

德国哲学家莱布尼兹曾经当过“宫廷顾问”。有一次，皇帝让他解释一下哲学问题，莱布尼茨对皇帝说，任何事物都有共性。皇帝不信，叫宫女们去御花园找来一堆树叶，莱布尼茨果然从这些树叶里面找到了它们的共同点，皇帝很佩服。这时，莱布尼茨又说：“凡物莫不相异”，“天地间没有两个彼此完全相同的东西”。宫女们听了这番话后，再次纷纷走入御花园去寻找两片完全没有区别的树叶，想以此推翻这位哲学家的论断。结果大失所望，因为粗粗看来，树上的叶子好像都一样，但仔细一比较，却是形态各异，各有其特殊性。

这个故事揭示了哲学关于世界统一性和多样性关系的原理。这一原理告诉我们，统一的物质世界以多种多样的形式存在和发展。组成物质世界的丰富多彩的不同个体各有其特殊性，但它们又有着共同的特征，即客观实在性。

（一）世界的无限多样性

世界上的事物具有多样性。物质世界中的各种事物和现象以不同的形式出现，它们具有不同的形态和属性，显示出千差万别。自然界的天地万物，人类社会的人间万象，展现到人们面前的是丰富多彩、千姿百态的画卷：高山大川、飞禽走兽、花草树木、天宇苍穹。科学的发展，技术的进步，生产关系的变化，都从不同侧面呈现出世界的多样性和复杂性。

微观世界

世界具有多样化的层次结构。整个世界可以分为三大结构层次，即微观世界、宏观世界和宇观世界。微观世界是指人的感官所不能直接感觉到的微小的物体和现象的总称。人的肉眼可以分辨直径大于 0.1mm 的物体，小于该尺度的事物都属于微观世界。宏观世界亦称“大宇宙”，是宏观物体和宏观现象的总称。肉眼能见的物体都是宏观物体。人类借助现代天文望远镜，已经可以看到 10 多亿个星球。宇观世界是指超宏观的具有宇宙规模的物质过程，包括星系团、超星系团等物质。

宇宙中的物质的存在形态也具有多样性。在物质世界的非生物界中，其物质形态表现为夸克、基本粒子、原子核、原子、分子、地球上的物质、行星、恒星、星系、总星系等；在生物界中，物质形态表现为分子、胶体粒子、细胞组织、器官、个体、群体、生物群落等不同形式；在人类社会中，物质形态表现为生产资料、生产力、生产方式、社会有机体以及民族、国家、文化区域等多种形式。

我们生存的世界，从无机界到有机界，从生物界到人类社会，从微观世界到宇观世界，无不展现出物质和物质形态的多样性。物质世界的多样性，是物质世界自身演化、进化和发展的结果。

（二）多样的世界统一于物质

尽管世界上的事物千差万别，但物质世界的多样性中又有统一性，即客观存在的现实世界是物质的世界。世界的物质统一性是多样性的统一，而这种统一性的根本原因在于世界的物质性。

马克思主义哲学所讲的物质，是指不依赖于人的意识，并能为人的意识所反映的客观实在。这一物质范畴，从总体上概括了一切物质现象最普遍的特性，是一切物质现象的共性。它揭示出物质的唯一特性，就是客观实在性。

名言

物质是标志客观实在的哲学范畴，这种客观实在是人通过感知感觉的，它不依赖于我们的感觉而存在，为我们的感觉所复写、摄影、反映。

——列宁

物质的具体形态是哲学物质范畴的具体表现，哲学物质范畴与自然科学的物质具体形态既相互区别又相互联系。

区别：哲学的物质范畴是对物质具体形态的共同属性的抽象和概括，它是看不见摸不着的、永恒的、不灭的；而物质的具体形态是看得见摸得着的、暂时的和可以消失的。

联系：哲学物质范畴是从物质的具体形态中抽象和概括出来的。没有物质的具体形态，就没有哲学的物质范畴。抽象的物质只能存在于物质的具体形态之中，而物质的具体形态是哲学物质范畴的具体表现。

物质世界的多样性统一的原理，是我们从事一切实际工作的立足点。既然宇宙中的万事万物归根到底都统一于物质，那么我们无论在任何时候、任何地方和任何条件下，也无论从事任何工作和遇到任何复杂多变的情况，都要从物质世界及其规律出发，按照世界的本来面貌认识世界。

（三）世界是客观存在的物质世界

首先，自然界的存在和发展是客观的，它先于人和人的意识而存在。天体都是按自然界固有的规律形成的，有着自己的起源和变化过程。地球上最初的生命是由非生命物质经过极其复杂的化学变化过程逐步形成的，生物的产生和进化是自然界长期发展的结果。人类的产生也是自然界长期发展的结果。人类是由古猿进化而来的，遵循了生物进化过程由低级到高级、由简单到复杂的基本规律。

人类有意识地利用自然物和改造自然物，虽然体现了人的本质能力，但人们在这方面所取得的有益成果，都是首先肯定自然的客观存在，并服从自然属性与规律的结果。我们在利用自然、改造自然的时候，务必要尊重自然、顺应自然、保护自然，学会与自然和谐相处。

1996 年 10 月，罗马教皇约翰·保罗二世说："信仰并不反对生物进化论。"又说："如果人的身体源于业已存在的有生命的物质，人的精神和灵魂则是由上帝直接创造的。"这个观点说明了什么？

其次，社会的存在与发展是客观的，社会是客观世界发展的必然结果。马克思主义哲学认为，人类社会的现象是多种多样的，但从本质上看社会的存在与发展是客观的。之所以说社会的存在与发展是客观的，是因为：

第一，社会存在和发展的基础是客观的。整个社会有机体是以物质资料的生产方式为基础的，生产资料的生产方式是生产力和生产关系的统一，它的形成和发展不以人的意识为转移，无论是生产力的发展，还是生产关系的变更，都是不以人的意识为转移的。

第二，支配社会发展的规律是客观的。生产关系一定要适应生产力状况的规律是支配社会发展的根本规律。人的主观意志虽然能够在一定程度上影响社会生活的具体面貌，但决定不了社会发展的方向，改变不了由客观规律所支配的社会发展的总趋势。

我国近代史上，孙中山领导的辛亥革命推翻了清朝的统治，结束了中国两千多年的封建帝制。而袁世凯却不顾历史发展的潮流，在辛亥革命后窃取了中华民国临时大总统的职位，企图恢复帝制。1915 年 12 月 13 日，时任中华民国大总统的袁世凯宣布废除共和政体，改中华民国为中华帝国，规定次年为"洪宪元年"，准备 1916 年元旦举行"登基大典"。这种做法逆历史潮流而动，最终在一片反对声中破产，预定的"登基大典"没能举行，并于 1916 年 3 月 22 日宣布撤销帝制，重归共和，前后共历时 83 天。同年 6 月 6 日，袁世凯病死。

世界上根本不存在神，也无所谓神的创造作用。自然界的存在与发展是客观的，社会的存在与发展也是客观的，它们都是不依赖于人的意识的客观实在。

二、动中有静与静中有动

任何物质的具体形态都离不开一定的运动，世界是永恒运动着的物质世界。但是，运动和静止又是相互渗透的。正所谓：动中有静，静中有动。

（一）运动是物质的根本属性和存在方式

哲学上所讲的运动，是指宇宙间一切事物的变化和过程。从宏观世界到微观世界，从无机界到有机界，从自然界到人类社会和人的思维，都处于永不停止的运动变化之中。"流水不腐，户枢不蠹"，万事万物只有在运动中才能保持自己的存在。

人们生活在世界上，无不感到一切事物都处于永不停息的运动变化之中。刮风下雨，江河奔流，地震海啸，斗转星移，海陆变化，一切客观物体的位置移动都属于机械运动；热、光、电磁及原子内部基本粒子的运动和变化属于物理运动；塑料制造、合成纤维等物质的化合分解变化属于化学运动；植物的枯荣、人的生老病死、生物的同化异化遗传变异等属于生命运动；社会的变迁、社会制度的变更等属于更为复杂和高级的运动形式——社会运动。

物质和运动是密切联系，不可分割的。

首先，物质是运动的物质，运动是物质的根本属性和存在方式。没有运动就没有事物，不运动的事物是没有的。其次，运动是物质的运动，物质是运动的主体。任何运动都必须有自己的承担者或者载体，否则，这种运动根本不会存在。

宏观物体是机械运动的主体，光子是光运动的主体，分子、原子、离子是化学运动的主体，生物体是生命运动的主体，物质资料的生产方式是社会运动的主体，人脑是认识运动的主体。物质世界之所以千姿百态，具有丰富多样的、生动的样态和形式，正是因为运动是其内在的根本属性，由此而形成了世界的变化、发展和多样性。总之，物质是运动的物质，运动是物质的运动；离开物质谈运动或者离开运动谈物质，都是错误的。

相关链接

天鹅撞落飞机

1962年11月，一架“子爵号”客机正在美国伊利奥特市上空平稳飞行，突然，一声巨响，客机像中了一颗炮弹似的突然坠落，一场机毁人亡的悲剧落到了“子爵号”和它的乘客身上，这是怎么回事呢？原来，当时有一只天鹅在空中飞翔，这只不幸的天鹅正好跟“子爵号”飞机迎面相撞，美丽的天鹅顿时就变成了一颗“炮弹”击毁了巨大的“子爵号”飞机。也许你会感到奇怪：肉乎乎的天鹅质量并不大，飞得也不快，怎么会有这么大的威力呢？这是因为，运动和静止以及运动的快慢都是相对的。当飞机以很快的速度向天鹅飞去时，相当于天鹅以几乎同样的速度向不动的飞机飞来，速度越高，撞击力越大，就可以使飞机被撞坏。天鹅对飞机的破坏力与天鹅的质量有关，也与天鹅和飞机的相对运动速度有关。在天鹅的质量不变的条件下，相对速度越大，撞击破坏力就越大。例如，质量为5kg的天鹅，以4m/s的速度撞在静止不动的飞机上，可能产生100N的撞击力，这个力可能把天鹅撞昏，但对飞机没有什么影响；同样大的天鹅，如果撞在以340m/s飞行的飞机上，就可能产生568 400N的撞击力，在这样大的力的作用下，天鹅自然是粉身碎骨，飞机也会被撞个大洞而损坏。

关于物质与运动的关系的两种错误观点：第一，把运动仅仅看成是精神的运动，否认物质是运动的主体。我国唐代著名的和尚慧能认为，一切运动都不过是人的主观意识的变化。《坛经》记载："时有风吹幡动。一僧曰风动，一僧曰幡动。议论不已。慧能进曰：'不是风动，不是幡动，仁者心动。'"这是一种典型的离开客观物质谈运动的观点。第二，只承认物质而否认运动的观点。"刻舟求剑"故事中那个楚国人的想法就是如此。他虽然承认船、水、剑的客观存在，却否认了运动，因而他的求剑之举只能落空。

（二）静止是运动的特殊状态

从整个物质世界来看，一切事物都处于运动之中，没有不运动的物质，这说明运动是普遍的、永恒的、无条件的，因而是绝对的。物质运动的绝对性是辩证唯物主义的基本观点。但是，就物质的具体存在形式来说，它又有静止的状态，有某种稳定的形式。

名言

世界上就是这样一个辩证法，又动又不动。净是不动没有，净是动也没有。动是绝对的，静是暂时的，有条件的。

——毛泽东

相关链接

"我不是我了"——物质和运动

在古希腊流传着这样一个故事：一个人一次外出忘了带钱，便向他的邻居借。过了很久，这个人总不还钱，邻居便向他讨债。这个人没钱可还，便说："一切皆变，一切皆流。现在的我，已经不是当初借钱的我了。"赖账不还。邻居发了脾气，一怒之下打了他一记耳光。赖账人要去见官告状，这位邻居也说："一切皆变，一切皆流。现在的我，已不是打你的我了。"赖账人无言以对。故事里的希腊人借口事物是变化发展的，否认了相对静止，否认了事物质的稳定性，从而把一切事物都看成是瞬息万变、不可捉摸的，这是典型的不可知论，陷入了唯心主义的泥坑。

哲学上讲的静止是两种情形：一是指事物之间的空间位置保持不变；二是指事物某一方面的性质在一定时间内基本不变。

静止不是绝对的不运动，不是完全的静止，而是物质运动在一定的条件下，一定的范围内处于暂时的稳定和平衡状态。静止是一种不显著的运动，是运动的特殊状态，静止是暂时的、有条件的。因而静止是相对的，所以我们把静止也称为相对静止。不承认相对静止，否认事物质的稳定性，也就无从认识事物。

教室对于地面来说，始终在这个地方，黑板对墙壁来说，也始终在那个地方，没有移动，这是静止。我们坐在飞速行驶的火车上，就我们的身体和坐的位置来看，在一定的时间内保持不变，这也是静止。一个刚入园的小朋友亮亮，从小班到中班到大班，离开幼儿园到小学、初中、高中、大学，踏入社会直至今后人生的数十年，他始终是亮亮，不可能变成其他人，这也是静止。

相关链接

芝诺问他的学生："一支射出的箭是动的还是不动的？"

"那还用说，当然是动的。"

"确实是这样，在每个人的眼里它都是动的。可是，这支箭在每一个瞬间里都有它的位置吗？"

"有的，老师。"

"在这一瞬间里，它占据的空间和它的体积一样吗？"

"有确定的位置，又占据着和自身体积一样大小的空间。"

"那么，在这一瞬间里，这支箭是动的，还是不动的？"

"不动的，老师。"

"这一瞬间是不动的，那么其他瞬间呢？"

"也是不动的，老师。"

"所以，射出去的箭是不动的？"

古希腊哲学家芝诺提出，由于箭在其飞行过程中的任何瞬间都有一个暂时的位置，所以它在这个位置上和不动没有什么区别。即认为，射出去的箭，在每一个瞬间都占有一定的空间和体积，从而得出整个运动过程中的箭都是静止的结论，即"飞矢不动"。芝诺否认运动，把飞矢在某一点的静止绝对化，陷入了绝对静止论。

运动的绝对性和静止的相对性是物质运动的两个属性，决不能只重视绝对运动而忽视相对静止。辩证唯物主义在坚持运动绝对性的前提下，肯定相对静止的存在，并充分强调静止的作用。总之，运动是无条件的、绝对的，静止是有条件的，相对的，动中有静，静中有动，世界上一切事物的存在和发展，都是绝对运动和相对静止的统一。

三、物质运动是有规律的

世界上万事万物都是运动、变化的，但这种运动变化不是杂乱无章、毫无秩序的，而是有其无法违背的客观规律。

（一）事物的运动变化有自己的规律性

科学家经过长期观察研究，发现生物有周期性变化的规律。例如，大雁冬天南飞，春天北返；南北极动物按季节换毛；青蛙冬眠春晓；有花植物每年开花有一定季节：腊梅花一月开，梅花二月开，迎春花三月开，牡丹花四月开，芍药花五月开，栀子花六月开，荷花七月开，凤仙花八月开，桂花九月开，芙蓉花十月开，菊花十一月开，象牙花十二月开。

无论是自然界、人类社会还是人的思维，世界上一切事物的运动变化和发展都是有规律可循的。所谓规律，是指事物运动过程中固有的、本质的、必然的联系。这种联系具有稳定性、普遍性、重复性等特点，在相同的条件下，是会重复出现的。

在自然界，有自然规律。如日月星辰总是按一定的轨道运转；生命运动中有新陈代谢规律、遗传与变异规律等；机械运动、物理运动、化学运动、生命运动这几种自然界的基本运动形式，也都有自己的规律。

在人类社会，有社会规律。如任何社会都存在着生产关系一定要适应生产力状况的规律；再如，商品生产和商品交换的基本经济规律——价值规律，即商品的价值量是由生产这种商品的社会必要劳动时间决定的，商品交换要以价值量为基础，实行等价交换。

在思维领域，也有思维规律。思维规律主要包括逻辑思维规律和形象思维规律等。如形象思维规律又具体包括小说、音乐、诗歌、拳术、舞蹈等各种创作规律。

相关链接

哈雷彗星是太空中最有名的一颗彗星。它是以英国皇家天文学家埃德蒙·哈雷的姓氏命名的。哈雷彗星的运动规律表明，它每76周年就重返地球上空一次。上一次是1910年出现在地球上空，1986年有一次接近地球。下一次，它将于2062年重返地球上空。只要太阳系的天体运动系统没有多大变化，哈雷彗星的运动规律必将使它重复出现。

规律有如下特征：第一，规律是事物本身所固有的联系。规律是一种联系，但这种联系不是人们从外部强加给事物的，也不是人们的主观想象，而是事物本身所固有的。第二，规律是事物本质的联系。客观世界的事物、现象之间存在着普遍联系，但并不是一切联系都是本质的，都可称之为规律。作为规律的联系，是隐藏在事物现象之间的本质联系。第三，规律是事物的必然联系。它代表着事物必定如此、确定不移的趋势，而偶然的联系是指可以出现也可以不出现、可以这样出现也可以那样出现的不确定的联系。

规律就是关系，就是本质的关系或本质之间的关系。

名言

——列宁

相关链接

水往低处流、苹果落地、四季交替是不是规律？

现象的联系不是规律。如水往低处流、苹果落地等，这些都是现象的联系，并不是规律本身，它们反映出来的是引力规律和有关力学规律的内容。现象是事物的表面特征和外部联系，它是个别的、多变的东西，是我们的感觉器官可以感觉到的东西。例如一个物体是什么颜色，体积有多大，形状是什么样的，这都是现象；而规律是我们的感觉器官无法直接感知的，必须经过人的思维才能把握。但规律和它的现象又是密切联系的。规律是现象中稳定的深刻的东西，它深藏在事物现象的内部。同时，现象是规律的外在表现形式，人们只有通过现象，借助于抽象思维才能揭示规律。

大家都熟知守株待兔的故事。宋国有个农民，他的田地中有一截树桩。一天，一只跑得飞快的野兔撞在了树桩上，扭断脖子死了。这是非常罕见的一种偶然现象，并非必然的联系，不具有规律性。但那个农民却放下他的农具守在树桩旁边，希望能再得到只兔子。故事中的农民之所以被人耻笑，就在于他把偶然的联系看做了规律。

总之，规律不是主观想象的联系，而是事物本身固有的联系；不是现象的联系，而是本质的联系；不是偶然的联系，而是必然的联系。没有规律的物质运动是不存在的。

想一想

规律听起来好像离我们很遥远，而且不可捉摸，其实并不是这样，只要稍加留意，就会发现我们日常生活中处处可见规律性的现象，你能举出例子来吗？

规律与规则的区别和联系：

区别：(1) 含义不同。规律是事物运动过程中固有的本质的必然的联系；规则是人们规定出来供大家共同遵守的制度或章程。(2) 性质不同。规律是客观的，它在人的意识之外独立存在，规律是不能被创造或消灭的；规则是主观的，是人们制定的，可以修改、补充或废除。(3) 起作用的方式不同。规律是客观地、自发地发生作用；而规则则是依靠人们的自觉遵守来发挥作用。

联系：规律和规则都具有不可违抗性，一个正确的、合理的规则总是根据客观规律制定的，是对客观规律的反映。规律决定规则，规则反映规律。

（二）按客观规律办事

规律的客观性是指，规律是事物本身所固有的，它的存在和发生作用不以人的意志为转移。它在人的意识之外独立存在着，不管人们是否承认它、喜欢它，它都存在并起着作用，因此我们又把规律叫做客观规律。

名言

天行有常，不为尧存，不为桀亡。天不为人之恶寒也辍冬，地不为人之恶辽远也辍广。

——荀况

规律是客观的，想问题办事情必须尊重客观规律。价值规律是一种经济规律，价值规律的基本内容是商品的价值量是由生产商品的社会必要劳动时间决定的，商品交换要以价值量为基础，实行等价交换。经济规律同自然规律一样，都是客观过程的内在的联系，具有客观必然性，是不以人的意志为转移的。不管人们主观上是否认识经济规律，它总是客观存在和必然发生作用的。列宁说："马克思把社会运动看做服从于一定规律的自然历史过程，这些规律不仅不以人们的意志、意识和愿望为转移，反而决定人们的意志、意识和愿望。"有什么样的经济条件，就会相应地产生什么样的经济规律。否认经济规律的客观性，就会使人们陷于混乱和偶然性的王国，失去了解事物的可能性，直到遭受经济规律的惩罚，给人们带来严重的灾难。

规律是客观的，意味着规律既不能被改变或消灭，也不能被创造。人们不能根据自己的意志创造一个客观上不存在的规律，也不能改造或消灭仍然在起作用的规律。虽然人们不能创造或消灭规律，但人们可以依据事物固有的属性，通过改变条件而改变规律起作用的具体状况，为人们服务。例如，水往低处流，是引力规律和机械运动规律共同起作用的结果，但人们可以改变水流的方向、位置，引水上山浇灌农田。规律只能随着客观事物本身性质的变化而变化，不能由人的主观意志任意改变，人在认识世界和改造世界的过程中必须尊重客观规律，违背了规律就会受到规律的惩罚。

相关链接

2010 年 3 月 12 日，新疆和田地区发生强沙尘暴，部分县市出现黑风，当地群众称最严重时能见度几乎为零。2010 年 3 月 19 日 18 时，新疆南疆盆地北部和东部、青海中北部局部地区、甘肃中部、宁夏北部、陕西北部、内蒙古中西部、河北西北部出现扬沙或沙尘暴天气，其中内蒙古额济纳旗、海力素、临河、乌拉特中旗及青海冷湖出现能见度不足 500 米的强沙尘暴。2010 年 4 月 24 日，甘肃遭遇第三次区域性的沙尘暴天气过程。敦煌、酒泉、张掖、民勤等 13 个地区出现沙尘暴、强沙尘暴和特强沙尘暴，其中民勤县在当天傍晚时分的能见度接近 0 米。资料显示，这次大风特强沙尘暴是民勤县有气象记录以来最强的一次。在内蒙古阿右旗，34 年来最强的一次沙尘暴使当地农牧业遭到重创。阿拉善盟初步统计表明：目前失踪或死亡的牲畜有 4000 多头，近 5 万亩农田受灾；上百座蔬菜大棚严重受损；300 多眼水井被掩埋；通讯、光电线路也严重受损。2010 年 4 月 26 日，河北保定、石家庄、衡水、邢台、邯郸和张家口地区有 76 个县市遭遇大风袭击，最高风速达 30 米/秒，风力为 11 级。冀东南 13 个县市出现沙尘暴、12 个县市出现雷暴，其中平乡、广宗、威县出现能见度小于 500 米的强沙尘暴。

在气象学中，沙尘天气可分为浮尘、扬沙和沙尘暴三级。风力较大，将地面沙尘吹起，使空气相当混浊，水平能见度在 1～10 公里之间，称为“扬沙”；强风把地面大量沙尘卷入空中，使空气特别混浊，水平能见度低于 1 公里的称为“沙尘暴”。我国频繁发生沙尘暴天气的直接原因是气候异常，东亚冬季风势力强。但更重要的原因是，北方一些地区毁林毁草开荒，乱采滥挖，草原过度放牧，植被遭到严重破坏，生态环境日益恶化，造成了土地沙化不断扩展。据国家环保部门的分析，沙尘暴骤起的主因之一，在于草原过度放牧而导致沙漠化迅速扩张。内蒙古某地区草场放羊的密度，20世纪50年代为60万只羊单位，90年代初发展到12465万只羊单位，超过草场极限载畜量26.5万只羊单位。50年代那水草丰美，牧歌声声，成片羊群如悠悠白云游动于草原的富有诗意的兴旺美景已不复存在。如今，一眼望去，是被啃光牧草、土地沙化的6万平方公里的荒漠。草场成为扬起沙尘暴的沙源。不能只图眼前的经济高速增长，不顾自然资源的再生能力，以涸泽而渔的方式超负载地开发利用非常有限的自然资源，我们必须考虑的是如何在追求经济繁荣和生活富裕的同时，注意生态平衡和环境保护，提倡可持续的生产和消费方式。

规律是客观的，这并不是说人在规律面前无能为力，人们可以认识规律并利用规律。规律总是通过一定的现象表现出来，人们可以运用抽象思维能力，去发现隐藏在事物现象中的规律。

天气预报就是应用大气变化的规律，根据当前及近期的天气形势，对未来一定时期内的天气状况进行预测。人们可以依据天气的预报来适当地增减衣物、决定是否出行，农民也可以根据天气的变化来调整农田的耕作。天气预报给工农业生产和日常生活都带来了极大的好处和便利。

相关链接

神女应无恙　当惊世界殊

三峡工程，位于重庆市市区到湖北省宜昌市之间的长江干流上。大坝位于宜昌市上游不远处的三斗坪，三峡水电站和下游的葛洲坝水电站构成梯级电站。它是世界上规模最大的水电站，也是中国有史以来建设的最大型的工程项目。三峡水电站大坝高程185米，蓄水高程175米，水库长600多公里，总投资954.6亿元人民币，安装32台单机容量为70万千瓦的水电机组，现为全世界最大的水力发电站。三峡水电站1992年获得全国人民代表大会批准建设，1994年正式动工兴建，2003年开始蓄水发电，于2009年全部完工。它的建成投产，标志着中国人用智慧和力量铸就了又一个奇迹！

结合三峡工程的完成，谈谈你对规律的理解？

综上所述，事物的发展是有规律的，规律是客观的，人们虽然不能创造、消灭或改变规律，但能够发现和认识规律，并能利用规律为人类造福。

第二节　地球上最美丽的花朵——意识

情景案例

学校马上就要举行期末考试了，每个老师都给大家布置了复习任务。手工老师给大家布置的任务是，利用本学期学习的各种手工技巧，发挥自己的想象力，利用身边的各种资源，不限制主题，自己设计一个手工作品。大家都非常喜欢手工课，也想争取有一个好的期末成绩，于是纷纷大显身手，忙活开了。大家搜集到了各种原材料，卡纸、布料、包装袋、毛线、铁丝，甚至还有牙签，有人还从家里带来了红豆，大家充分发挥自己的想象力，讨论交流意见、想法，做出了许多好的作品。有同学用各色卡纸做成了“浪漫小屋”、森林公园，有同学用铁丝做成了精致的鱼篓、圣诞树，有同学用泡沫和皱纹纸做成了拖鞋，还有人用红豆拼贴成了可爱的梅花鹿。大家的创意实在是太精彩了，作品也让人赏心悦目，这次的期末作品凝聚了大家智慧的火花，得到了老师的高度评价，手工老师还承诺让其中优秀的作品参加下学期学校的手工作品展，大家都开心极了！

想一想：同学们的手工作品丰富多彩，那么他们的创意都是凭空捏造和想象出来的吗？

一、意识是物质世界长期发展的产物

世界是客观存在的物质世界，世界上除了物质现象以外，还有另一类现象，如认识、意见、思想、方针政策、学校的各项规章制度等，这些都是意识。恩格斯说过，地球上的最美的花朵就是思维着的精神。

“人力不若牛，走不若马”，但人类之所以成为“宇宙之精华、万物之灵长”，正是因为具有在生物界中独领风骚的思维。《世界史纲》的作者韦尔斯曾经说：“整个人类的历史基本上就是一部思想（思维）的历史。”

（一）意识是自然界长期发展的产物

物质没有起源问题，它是无始无终的、永恒的；而意识却有个起源问题，它

不是从来就有的，它是物质世界发展到一定阶段的产物。自然界经过长期的进化产生了人，有了人才有了人的意识。在这一过程中，一切物质都具有的反应特性是人类意识产生的物质基础。

世界中的一切物质，无论是生命物质还是非生命物质，都具有一种反应特性，如石头经过风化会改变形态、裸露的铁会腐蚀生锈等；一切生命物质，无论是植物还是低等动物，都具有刺激感应性，如含羞草碰到外来的物体时会收拢叶片、向日葵会跟着太阳转动等；随着低等生物向高级动物的发展，形成了较高级的反应能力，如动物表演、信鸽返家等，已经有了意识的萌芽；高等动物发展到人类，才产生了意识。

（二）意识是社会发展的产物

意识不仅是自然界长期发展的产物，而且是社会（更高级的物质运动形式）的产物。离开了集体社会，就不会有人类的意识。科学证明，人类的祖先是古猿。在从猿到人、从古猿的心理发展到人类的意识的过程中，劳动起着决定性的作用。没有社会性的劳动，古猿就不会进化成为人，也就不会有人的意识。

劳动创造了意识的物质外壳——语言，劳动还创造了意识的物质器官——人脑。恩格斯说："首先是劳动，然后是语言和劳动一起，成为两个最主要的推动力，在它们的影响下，猿的脑髓就逐渐变成了人的脑髓。"劳动还为人的意识提供了丰富的内容。劳动的发展扩大了原始人的活动范围，开阔了原始人的视野。原始人从采集到狩猎再到农耕，劳动工具逐渐改进，劳动技能不断提高，劳动规模日益扩大，社会交往日益频繁，扩大了对外界各种现象的认识从而丰富了意识的内容。

相关链接

2007年，俄罗斯警方在俄罗斯中部一个山区发现一名"狼孩"，他具有狼的生活习性：像狼那样嚎叫，像狼那样吃东西，手指甲和脚趾甲就像狼爪，而且爱咬人。这个"狼孩"是当地村民在俄罗斯中部卡卢加省的一个偏远森林中发现的，那是一群狼的领地。当时天气很冷，他正蜷缩在一个用树叶做的窝中睡觉。村民们将发现这个"野外生物"的事情报告给警方。人们曾经发现的狼孩大多用四肢行走；白天睡觉，晚上出来活动，怕火、光和水；只知道饿了找吃的，吃饱了就睡；不吃素食而要吃肉，并且不用手拿，放在地上用牙齿撕开吃；他们不会讲话，每到午夜后像狼似地引颈长嚎；大多数狼孩的智力只相当于三四岁的孩子。此外，人们还发现过熊孩、豹孩、猴孩以及绵羊所哺育的小孩。他们也和狼孩一样，具有抚育过他们的野兽的那些生活习性。“狼孩”的事实，证明了人类的知识和才能并非天赋的、生来就有的，而是人类社会实践的产物。人不是孤立的，而是高度社会化了的人，脱离了人类的社会环境，脱离了人类的集体生活就形成不了人所固有的特点。而人脑是物质世界长期发展的产物，它本身不会自动产生意识，它的原材料来自客观外界，来自人们的社会实践。所以，这种社会环境倘若从小丧失了，人类特有的习性、他的智力和才能就发展不了，一如“狼孩”刚被发现时那样：有嘴不会说话，有脑不会思维，人和野兽的区别也泯灭了。

总之，从意识的起源看，意识是物质世界发展到一定阶段的产物。

二、意识是人脑特有的机能

我国战国时期的思想家孟子说：“心之官则思。”他将心脏作为思维器官，这种思想影响深远，至今我们仍把研究人脑活动的学科称为心理学。但是近代自然科学揭示了人脑的秘密，否定了动物脑充任意识器官的资格，也剥夺了人体其他器官充当此任的资格。

同学们去动物园看猩猩时，会发现当你喂东西给它吃时，它会伸出爪子把食物喂进口中，你还会发现猩猩会剥香蕉，当它够不着食物时，它甚至会用旁边的小木棍拨过去，但是当一根棍子够不着时，它就没有办法了，它不会把两根棍子接成更长的木棍。这说明动物只有本能，没有思维意识，而人就不同了，人会有意识有目的地制造工具，其原因在于人有高度发达的大脑。

人脑是高度发达的物质系统，人脑有着极为复杂的结构和非常特殊的生理活动，这决定了人脑是产生意识的物质器官。没有人脑就没有人的意识，意识是人脑特有的机能。

相关链接

动物也有以脑为核心的中枢神经系统，但动物的大脑结构简单，对外界的反应能力低下，其结构和生理机制远比不上人脑，两者有本质的区别。人脑是中枢神经系统的最高级部分，也是脑的主要部分。人脑分为左右两个大脑半球，二者由神经纤维构成的胼胝体相连。人的大脑半球高度发展。成人的大脑皮质表面积约为1/4平方米，约含有140亿个神经元胞体，它们之间有广泛复杂的联系，是高级神经活动的中枢。人的大脑有100多亿个神经细胞，每天能记录生活中大约8600万条信息。据估计，人的一生能凭记忆储存100万亿条信息。如能把大脑的活动转换成电能，相当于一只20瓦灯泡的功率。根据神经学家的部分测量，人脑的神经细胞回路比今天全世界的电话网络还要复杂1400多倍。每一秒钟，人的大脑中进行着10万种不同的化学反应。人类的脑重量约为1500克，而黑猩猩的脑重量不到500克。正是人脑的这种复杂结构，才使它具有思维的属性，成为意识的器官。

瑞士的儿童心理学家皮亚杰在他的《娃娃日记》中写到："儿童最初的世界是完全以他自己的身体和动作作为中心的，它完全是无意识的，然而这种无意识并不类似于洛克所说的'白板'。事实上，主体的心灵不可能是一张白纸，它没有一定的内部结构就不可能具有任何认识能力，他具有遗传得到的心理本能结构，并用来同化客体信息。"

想一想：这段话表明了什么？

三、意识是客观存在的主观映像

人脑是意识的器官，但不是思维的源泉。意识是人脑特有的机能，但光有人脑还不能产生意识。

（一）意识是人脑对客观存在的反映

人脑好比一个加工厂，原料和半成品只能来自于客观世界。人只有生活在一定的社会环境中，客观存在通过人的实践作用于人脑，人脑才会形成对客观存在的反映，这才有了意识。没有原料，就无法生产出产品，离开了客观事物和现实生活，就等于没有了原料，再聪明的脑袋也不可能产生意识。

意识的形式是主观的。不管是人的感觉、知觉、心理，还是人的观念，都是客观对象在人脑中的反映，其形式是主观的。意识的主观特征表现在：第一，意识的各种主观形式都受人的主观状态的影响；第二，对同一对象的反映会因人而异。因此，不能把意识等同于客观事物自身。例如，人们头脑中关于食物的形象，不等于客观存在的食物，不能食用；头脑中的房子，并不等于客观存在的房子，不能居住；人们想象中的钱，也不是客观存在的能花的钱，不能用来买东西。

意识的内容是客观的。意识的内容只能来源于客观世界，意识是人脑对客观对象的反映。无论是正确的意识还是错误的意识，其内容都是人脑对客观对象的反映。我们可以从以下几个方面来理解意识内容的客观性。

名言

如果上帝的观念是鸟类创造的，那么上帝一定是长着羽毛的动物；假如牛能画画，那么它画出来的上帝一定是一头牛。

——费尔巴哈

首先，对同一事物有不同的认识，主观的差别必有其客观的根源。意识根源于客观实在，先有各种各样的物质现象，然后人脑才能以不同的形式反映它们，成为不同的意识现象。面对同一个客观事物，不同的人会有不同的认识，无论是正确的思想意识还是错误的思想意识都是客观存在在人脑中的反映。这两者的区别不在于它们是否对客观事物做出了反映，而在于对客观事物做出了什么样的反映。

相关链接

盲人摸象

从前，有四个盲人很想知道大象是什么样子，可他们看不见，只好用手摸。胖盲人先摸到了大象的牙齿。他就说："我知道了，大象就像一个又大、又粗、又光滑的大萝卜。"高个子盲人摸到的是大象的耳朵。"不对，不对，大象明明是一把大蒲扇嘛!"他大叫起来。"你们净瞎说，大象只是根大柱子。"原来矮个子盲人摸到了大象的腿。而那位年老的盲人呢，却嘟囔："唉，大象哪有那么大，它只不过是一根草绳。"四个盲人争吵不休，都说自己摸到的才是大象真正的样子。而实际上呢？他们一个也没说对。

其次，虚幻的观点必有其客观的原型。鲁迅说过："描神画鬼，毫无对证，本可以专靠神思，所谓'天马行空'地挥写了。然而它们写出的却是三只眼、长颈子，也就是在正常人的身上增加眼睛一只，拉长颈子二三尺而已。"① 中国人信奉的玉皇大帝外貌酷似汉族人，西方人信奉的上帝酷似西方人，可见人是按照自己的形象去创造神的，所以说："一切宗教都不过是支配着人们日常生活的外部力量

① 鲁迅：《且介亭杂文二集·叶紫〈丰收〉序》，人民文学出版社 2006 年版，第 22 页。

在人们头脑中的幻想的反映。”[①] 所谓“支配着人们日常生活的外部力量”指两种力量，一是自然力量，一是社会力量。如果自然力和社会力能被人自觉地认识和利用就不会有神秘感，如不能，就会采取“超人间的形式”成为盲目信仰的对象。宗教观念可以在现实生活中找到某种原型，但宗教观念对“某种原型”的反映是不真实的。从本质上看，宗教是客观事物在人脑中虚幻的反映。

相关链接

龙是原始人的图腾，是一种只存在于图腾中而不存在于生物界的虚幻生物。今天所知道的龙的形象综合了各种生物的特征：兽腿、鹰爪、马头、蛇腹、鹿角、虾眼、鱼鳞。有研究指出，龙的形象是经过不断发展变化得来的，在漫长的历史过程中经过战争和联合，信奉龙图腾的民族逐渐成为领导，龙的图腾逐渐成为整个中华民族信奉的旗帜。其他民族原来信奉的图腾的形象逐渐被吸收、充实到龙的形象中去，因此龙的特征愈来愈多，形象日益复杂和威武，龙成为了皇帝的代表。

人们还把各种美德和优秀的品质都集中到龙的身上。我们从许多故事和传说中看到：龙是英勇善战的，它什么强暴也不怕；龙是聪明多智的，它甚至能预见未来；龙的本领高强，它能大能小，变化多端，兴云布雨，鸣雷闪电，开河移山，法力无边；龙是富裕的，龙宫成了宝藏的集中地；龙又是正直的、能为人民着想，为了解救人间干旱之苦，它甚至不惜冒犯天条。在龙的身上集中了人们美好的愿望，也常把世间的杰出人物称为人中之龙，诸葛亮号称卧龙先生就是大家熟识的例子。

最后，意识有多种表现形式。社会意识是社会精神生活现象的总和，它是社会存在的反映，是与一定社会的经济和政治直接相联系的观念、观点、概念的总和，包括政治法律思想、道德、文学艺术、宗教、哲学和其他社会科学等意识形式。

总之，任何意识都根源于物质，其内容归根到底来自于客观事物。意识是客观存在在人脑中的主观印象，这就是意识的本质。意识的本质，从内容上说明了意识对物质的依赖性，说明了物质决定意识，而不是意识决定物质。

---

① 中共中央马克思恩格斯列宁斯大林著作编译局：《反杜林论》，人民文学出版社 1995 年版，第 23 页。

（二）意识能够能动地认识世界

从意识的起源看，意识是物质世界长期发展的产物；从意识的生理基础看，意识是人脑特有的机能；从意识的本质看，意识是客观存在在人脑中的反映。物质决定意识，意识依赖于物质，世界的本质是物质。马克思主义哲学在肯定世界的本质是物质，物质对意识具有决定作用的前提下，又承认意识在认识世界和改造世界中具有巨大的能动作用。

意识能够能动地认识世界。意识不仅能够正确反映事物的外部现象，而且能够正确反映事物的本质和规律。它不仅能够认识当前的对象，而且能够追溯过去、推测未来。

意识能够正确反映客观事物，并不是说人们的意识都是一样的。“一千个读者就有一千个哈姆雷特”、“仁者见仁、智者见智”，表述的就是人的意识千差万别的意思。鲁迅曾经这样谈论《红楼梦》：“《红楼梦》是中国许多人所知道，至少，是知道这明目的书。谁是作者和续者姑且勿论，单是命意，就因读者的眼光而有种种：经学家看见《易》，道学家看见淫，才子看见缠绵，革命家看见排满，流言家看见宫闱秘事……”

由于受到主客观条件的制约，人们对客观事物的认识会出现正确与错误的差别。客观方面的原因，最根本的是指社会历史条件的制约。从主观方面来说，人们的立场不同，世界观、人生观、思维方法不同，知识构成不同，都会影响到人们对客观事物的判断。

幼儿教师需要多元的知识结构。新《纲要》、新课程呼唤综合型的教师，多年来幼儿园一直是分科教学，教师的角色一旦确定，不少教师便画地为牢，把自己禁锢在学科壁垒之中，不再涉猎其他学科的知识和内容。教科学的不研究在健康、艺术领域中的应用，教语言的也不光顾社会、科学方面的书籍。这种单一的知识结构，现在已远远不能适应新课程的需要。新《纲要》为实现知识观的贯彻，在课程改革中，设置了“综合课程”、“主题活动课程”。由于有的课程内容涉及多学科方面的知识，如中班进行的以“动物”为主题的综合性活动，涉及各种动物的知识（科学），有关动物的谜语、故事（语言），有关动物的歌曲、绘画（艺术），有关动物与人类的关系（社会），等等，涵盖的内容十分丰富，高度体现了学科的交叉与综合，教师要上好这样的课，必须要拓宽自己的知识领域。

相关链接

一位叫做哭婆的老太太，下雨天在哭，晴天也在哭。为什么老太太有这么多的忧愁和悲伤？老太太解释说，她有两个女儿，大女儿是做雨衣、雨伞生意的，一到晴天，她就担心大女儿的生意不好，所以为大女儿而悲；二女儿是经销防晒霜、防晒油产品的，一到下雨天，她就担忧二女儿的产品不会有人买，所以为二女儿而哭。这时有人轻轻说了一句话："为什么你不反过来想一想，晴天想到二女儿，雨天想到大女儿呢？晴天二女儿的生意好，雨天大女儿的生意妙，几乎天天都有高兴的事。"老太太顿悟，破涕为笑。

儿童的想象力是儿童探索活动和创新活动的基础，一切创新的活动都是从创新性的想象开始的。将孩子培养成"创造、开拓型"人才，这是时代赋予教育的历史使命。所以，要尽早地为孩子插上想象的翅膀，激活孩子的想象力，培养孩子的想象力。幼儿教师应该积极引导儿童参加游戏活动，根据不同年龄想象发生的特点采用不同的游戏，在游戏中培养和锻炼儿童的想象力。5～6 岁儿童随着知识经验的积累，能突破限制，展开丰富联想，而且目的性更明确，内容更丰富、完整和系统。这时，想象逐渐成为一种相对独立的心理过程，并能服从于一定的目的。幼儿教师可以通过编故事、编歌曲或诗词来训练孩子的创造力和想象力，也可以通过猜谜语来培养孩子的形象思维能力。

相关链接

马克思说："蜘蛛的活动和织工的活动相似，蜜蜂建筑蜂房的本领使人间的许多建筑师感到惭愧。但是最蹩脚的建筑师比最灵巧的蜜蜂高明的地方，是他在用蜂蜡建筑蜂房前，已经在自己的头脑中把它建成了。"

为什么说最蹩脚的建筑师比最灵巧的蜜蜂高明？

人的活动具有目的性和计划性。人在从事任何活动之前，都有明确的目的，在实施行动之前还会制定蓝图，有达到目的的计划与方案。这是任何动物都不具备的，是意识能动作用的重要体现。蜘蛛能够织出别致的蛛网，蜜蜂能够造出精致的蜂房。但无论是蜘蛛还是蜜蜂，它们的一切活动仅仅出自于本能性反应，它们并不知道自己为什么要这样做。

（三）意识能够能动地改造世界

意识的能动作用还表现在，意识能够能动地改造世界。意识能够反作用于客观事物，以正确的思想和理论为指导，通过实践可以把观念的东西变成现实，促进客观事物的发展。自从地球上出现了最美的花朵“思维着的精神”以来，地球的各个角落都遍布着人类“意志的印记”，我们的世界已经发生了翻天覆地的变化。

相关链接

鸟巢，是鸟类生存本能反应的产物。2008年北京奥运会的主场馆被冠名为“鸟巢”，却是人类智慧的结晶，是人们能动地认识世界和改造世界的产物，这是任何动物的本能都无法比拟的。

意识存在于我们的头脑里，不会直接作用于客观事物，但在实践活动中，意识却总是能指挥着人们使用一种物质的东西去作用于另一种物质的东西，从而引起物质具体形态的变化，这就是意识对客观事物的反作用。比如建筑蓝图要变成建筑物，必须经过工人使用工具这种物质力量作用于建筑材料这种物质的东西，从而使建筑材料这种物质的具体形态变成建筑物这种物质形态。在这里，蓝图是意识，但蓝图在这个过程中起了指导作用，引起了客观事物的变化。意识的反作用世世代代都在发挥，地球上最美的花朵不断转化成为人类的劳动成果，并服务于社会的发展，我们应为此而感到自豪。

名言

世界不会满足人，人决心以自己的行动来改变世界。

——列宁

据武汉市知识产权局不完全统计显示：从 2002 年至今，该市中小学生的专利发明总申请授权量达到 5700 多件，若加上今年正在申请尚未获得授权的，预计总量将达 6000 件，位居全国前列。可喜的是，部分中学生凭“金点子”当上了股东，一些中小学生的专利发明被企业看中，真正走进了市场。据介绍，学生专利如果投产一般有三种去向：一是企业一次性买断专利投产；二是学生与投资公司合作经营，学生获取一定比例的提成；三是以技术入股，学生占有公司一部分股份，成为“学生股东”。洪山区马房山中学学生胡登煌是武汉市中小学生中第一个“学生股东”。2004 年 10 月，他的“无压痕眼镜架”、“世界筷子”和“自洁水龙头”3 项发明，吸引了浙江一家企业投资开发，胡登煌凭专利技术拥有公司股份 10%。因在全国青少年科技创新大赛中获奖被保送到武汉大学的武汉一中学生刘黎，其 7 项发明专利之一的“吸顶式电热水器”，因为有节约空间面积和节能的优点，被武汉某公司研发生产。该热水器每产销一台，刘黎就提成约 5%。

意识有正确和错误之分，正确的思想意识促进客观事物的发展，错误的思想意识阻碍客观事物的发展。意识力量所带来的真正有益于人类的物质成果，是意识对自然界反作用的积极表现。错误的思想、短视眼光和对狭隘利益的追求，类似片面的认识对自然带来的破坏是意识对自然界反作用的消极表现。意识对物质具有能动作用，要求我们一定要重视意识的作用，重视精神的力量，自觉树立正确的思想意识，克服错误的思想意识。

我要扼住命运的咽喉，它将无法使我完全屈服。

名言

——贝多芬

华罗庚，我国著名数学家，1910 年 11 月 12 日出生于江苏金坛县。他幼时爱动脑筋，因思考问题过于专心常被同伴们戏称为“罗呆子”。初中毕业后，华罗庚曾入上海中华职业学校就读，后因拿不出学费而中途退学。此后，他顽强自学，用 5 年时间学完了高中和大学低年级的全部数学课程。华罗庚因病左腿残疾后，走路要左腿先画一个大圆圈，右腿再迈上一小步。对于这种奇特而费力的步履，他曾幽默地戏称为“圆与切线的运动”。在逆境中，他顽强地与命运抗争，他说“我要用健全的头脑，代替不健全的双腿”。凭着这种精神，他终于从一个只有初中毕业文凭的青年成长为一代数学大师。他一生硕果累累，是中国解析数论、典型群、矩阵几何学、自导函数论等方面的研究者和创始人，其著作《堆垒素数论》更成为 20 世纪数学论著的经典。

意识的反作用，也包括意识对人体生理活动的调节和控制作用。坚强的意志和积极、愉快、乐观的情绪，能催人奋进，忧愁、顾虑和悲观则会让人意志消沉。

名言

开朗的性格不仅可以使自己经常保持心情的愉快，而且可以感染你周围的人们，使他们也觉得人生充满了和谐与光明。

——罗兰

相关链接

培养幼儿的积极情绪，对于幼儿身心健康的发展具有十分重要的意义。喜悦、愉快的情绪能明显促进幼儿身体的健康成长。反之，恐惧、悲伤等情绪会危害其身体健康。情绪为什么会影响人的健康？许多心理学家对此作过不少研究。例如，有人对于情绪和消化功能的关系作实验，证明人在进餐时情绪愉快，能使胃液分泌增多，食欲增强；相反，进餐时情绪恐惧不安，会抑制胃液分泌，而使人不思进食。美国有位学者把同一窝生的两只羊羔，安排在大致相同的条件下喂养，唯一不同的是，一只羊羔身旁拴了一只狼。狼虽然碰不到羊羔，但羊羔随时可以看见狼。另一只羊羔的身旁没有拴狼。不久，前者由于情绪恐惧而不愿进食，日益消瘦而死亡，后者进食始终很正常，长得很健壮。这一实验的对象虽然不是儿童，但其道理是相同的。幼儿积极的情绪有利于其形成良好的行为习惯。幼儿期是各种良好行为习惯形成的开始时期。情绪经常处在良好状态的幼儿，对成人的各种指示一般都乐于接受，这样就有利于幼儿的健康成长，形成团结友爱、遵守纪律、独立活动等良好的行为和习惯。幼儿积极的情绪能促进其智力发展。心理学家曾用实验证明：对学生来说，由于受到表扬而引起喜悦、快乐、得意等积极情绪，可以促进其智力的发展。在幼儿园里我们可以发现，在音乐、美术、语言、计算等方面学习效果好、能力发展较快的幼儿均为受教师表扬鼓励较多的幼儿。如果幼儿对活动充满了积极的情绪，具有旺盛的求知欲、充满了兴趣，他便会形成探究环境的动机，并且努力去认识事物，解决问题。这样，智力也就不断地得到促进和发展。

想一想：作为幼儿老师，我们应该如何把积极健康的情绪传递给幼儿？

综上所述，物质决定意识，意识是客观事物在人脑中的反映，意识具有能动作用，它不仅能够正确地反映事物的本质和规律，而且还能反作用于客观事物。

第三节　一切从实际出发

情景案例

小蚂蚁正在看《动物世界》，电视里说："蚂蚁是一种神奇的昆虫，它可以举起超过自身体重100倍的重量，是真正的大力士!"小蚂蚁听了，高兴得跳了起来："原来我这么了不起呀!"小蚂蚁去找小象，"小象，你的力气很大，可是我的力气比你更大。"小象看也不看小蚂蚁，说："你？你会比我的力气大?""当然了，我要向你挑战!"小蚂蚁很认真地说。"好哇，你说！比什么?""比赛拔河!""没问题!"小动物们觉得很奇怪，对小蚂蚁说："小蚂蚁，小象力气那么大，你怎么可能赢他呢?"小蚂蚁拍拍胸脯说："今天就让你们看看谁才是真正的大力士!"说完，小蚂蚁和小象牵起一根绳子，开始了比赛。小象用鼻子拉着绳子，轻松地坐着，说："小蚂蚁，我看还是别比了，你肯定输了。"小蚂蚁紧紧抓住绳子，脸胀得通红，费劲地说："今天——让你尝尝——我的厉害。"小蚂蚁连吃奶的劲都用上了，谁知小象动也不动。"哼，就凭你，真是不自量力。"说完，轻轻一拽，把小蚂蚁摔了个大马趴！吃了满嘴的泥。"哈哈哈哈哈！真是自不量力呀!"小动物们笑得前伏后仰。小象笑得在地上打滚，"就你这样，还真正的大力士?"小蚂蚁尴尬极了，红着脸走了。哎！谁叫小蚂蚁没有搞清楚，小象的体重不止是他的100倍，而是他的几千倍、几万倍呀!

议一议：这个故事给了你什么启示?

一、从实际出发，实事求是

一切从实际出发，就是我们在任何时候、任何条件下，从事任何工作，都要把客观存在的实际作为根本的出发点、立足点，把客观实际作为我们想问题、办事情的根据。

名言

实事求是，一切从实际出发，这是毛泽东思想的出发点和根本点。

——邓小平

（一）从实际出发，主观必须符合客观

坚持一切从实际出发，是辩证唯物主义世界观的根本要求。它要求我们在认识世界和改造世界的活动中，做到使主观符合客观，要根据客观存在的事实，来决定我们的主观思想和行动，要从客观存在的情况出发分析问题，提出解决问题的方法和对策。

相关链接

从前有个愚人，要在家里设宴请客，打算用牛奶来招待客人。考虑到客人很多，必须提前收集牛奶。他想：如果我从今天开始，每天去挤牛奶，到时候牛奶太多，就没地方存放；不如将牛奶都存在母牛肚子里，等客人来的时候，再把牛奶全部挤出来，既新鲜又方便。愚人觉得这个主意不错，说干就干，为了防止小牛吃奶，他先把小牛与母牛分开，分别绑在不同的地方。一个月后，宾客云集，愚人欢天喜地，把母牛牵出来，想挤牛奶，不料当即傻眼，一滴牛奶也挤不出来了。众人问明原委，既好气又好笑。

想一想：这个故事给了我们什么启示？

一切从实际出发，就是我们想问题、办事情要把客观存在的实际作为根本出发点。我们在观察和解决一切问题时，反对把自己的主观愿望作为出发点，反对以主观想象代替客观事实，反对以个人的好恶来判断是非，而必须从客观实际出发，从当时当地的具体情况出发，按照事物的本来面目认识世界，使自己的思想符合客观实际。

一切从实际出发，就是要坚持主观与客观相符合。事实上，人们认识世界和改造世界的过程，就是人们处理主观与客观相互关系的过程。如果主观与客观的关系处理得当，就会产生正确的思想意识和行动，认识世界和改造世界的过程就能够比较顺利地进行；反之，主观与客观的关系处理不当，就会产生错误的思想意识和行动，认识世界和改造世界的过程就会遇到挫折和失败。这已被无数历史事实所证明。

人的意识、精神，如理论观点、党的路线方针、工作计划、法律法规等都是主

观的，而客观是指人的意识以外的一切事物，或指认识的一切对象。客观是不依赖于主观而独立存在的，主观能动地反映客观，并对客观事物的发展起促进或阻碍作用。

从实际出发，做到主观和客观相符合，必须遵循以下几个原则：

第一，承认事物的客观性，反对主观随意性。从实际出发的反面就是从主观出发。在实践过程中，主观主义有两种表现，一是教条主义、本本主义，一是经验主义。前者的主要特点是把书本、理论当教条，思想僵化，一切从定义、公式出发，不从实际出发，反对具体情况具体分析；后者的主要特点是在观察和处理问题的时候，从狭隘的个人经验出发。两者的共同点就在于主观认识脱离了当时当地的客观实际，因而不会达到预定的目的。

相关链接

从前，有一位秀才上京赶考，途中有一条水沟挡住去路。行至沟旁，他的仆人把肩上的行李背稳，一跃而过。可是这位秀才没有过沟的本领，呆立沟旁，十分焦急。仆人看见，就大声喊道："相公，把胆子放大点，跳！"于是，这位秀才就两腿并齐，用力一跳。但他没有跳过沟，却"扑通"一声，掉到水里，成了个"落汤鸡"。仆人埋怨他说："哎呀，相公！你怎么把两腿并在一起跳呢？"秀才答道："单脚起步为跃，跳者，乃双脚并用也，你该说跃，不该说跳！"弄得仆人哭笑不得。这个秀才的做法是典型的教条主义、本本主义的表现。

第二，必须从事实的全部总和出发，而不能仅仅从事实的某一方面、某一枝节出发。事物是复杂的，因而客观实际也是多方面的。"横看成岭侧成峰，远近高低各不同。"一切从实际出发，就要考虑到多方面的实际。我们看经济形势，既要看到有利的一面，又要看到不利的一面；一个人既有优点，又有不足，工作中既有成绩，又有缺陷，如果片面地抓住实际的某一方面，就不可能如实地认识实际，就不能真正以实际作为立足点和出发点，就难以做到使主观符合客观。

第三，必须使自己的认识随客观情况的变化而变化。客观实际是变化发展的，人的思想和观念也要随之变化、发展。一切从实际出发，还必须做到从变化了的客观实际出发。既要了解它的过去，观察它的现状，更要预测它的未来，这样才能使自己的主观意识不断适应变化着的客观实际。否则，以落后的实际作为出发点，就会使主观背离客观，难以得出正确的结论和采取正确的行动。这样就不是真正地从实际出发，也会使改造世界的活动受挫。总之，从实际出发，要做到主观与客观具体的历史的统一。

相关链接

士别三日

三国时期吴国有个大将名叫吕蒙，十五六岁时投奔姐夫邓当，邓当当时是孙策手下的一员战将，吕蒙就跟着他的军队打仗，战斗中很有胆气，得到孙策的喜爱。孙策死后吕蒙又渐渐受到了孙权的重用。由于吕蒙读的书不多，有一次，孙权就劝吕蒙多读书以增长才干，吕蒙推脱军务繁忙，没有时间。孙权就说："我又不是让你当精通经史的博士！只是要你多涉猎一些历史典故长长见识罢了。再说你再忙能比我还忙吗？我还经常读各种各样的书呢，总感到受益匪浅。"从此吕蒙开始挤时间发奋读书，日积月累，变得很有学问。

大都督周瑜死后，鲁肃临时代理周瑜的职务，统领吴国军队。有一次巡视经过吕蒙的军营顺便去拜访吕蒙，当时鲁肃很轻视吕蒙，认为他只是一介武夫，没什么文化。在饭桌上交谈的时候，吕蒙谈到对付蜀国大将关羽的问题，极有见识，鲁肃十分佩服，就从饭桌上跨过去，坐在吕蒙旁边，手抚着吕蒙的背，亲切地说："吕蒙，真没想到你的学识如此渊博，早已不是以前吴下的阿蒙啦。"吕蒙笑着说："士别三日即更刮目相待！"从此，两人成为一对好朋友。

"士"，是作为封建社会中最基础的贵族，是以知识分子为代表的士族阶层，有别于普通老百姓；"刮目"就是擦亮眼睛的意思；"刮目相待"也作"刮目相看"。

这个成语是个褒义词，但并不是所有的变化都是好事情，如果从一个好孩子很快变为一个坏孩子而让人"刮目相看"就大大的不妙喽。要想向好的方面发展变化，就要勤学习，既要学习知识开阔眼界，更要跟伟人学习做人的原则和方法。

（二）从实际出发，必须遵循事物的客观规律，坚持实事求是的原则

"实事"就是客观存在着的一切事物，"是"就是客观事物的内部联系，即规律性，"求"就是我们去研究。实事求是也就是说，我们做事情要从客观存在的实际出发，从中引出其固有的而不是臆造的规律性，作为我们行动的向导。实事求是指从实际对象出发，探求事物的内部联系及其发展的规律性，认识事物的本质。

实事求是一词，最初出现于东汉史学家班固撰写的《汉书·河间献王传》，讲的是西汉景帝第三子河间献王刘德“修学好古，实事求是”。明朝王阳明在宋代朱熹“格物便是致知”、“理在事中”的基础上，提出了“知行合一”的观点，倡导“实事求是”的学风。

延安时期，毛泽东在总结中国共产党的历史经验教训时，借用中国古典，提出了“实事求是”的口号，这一口号后来被作为党的思想路线的概括表述。新时期之初，邓小平总结建国以来我们党的成败得失，面对“两个凡是”的错误主张，提出了“解放思想，开动脑筋，实事求是，团结一致向前看”的口号，丰富了“实事求是”思想路线的内涵。进入新世纪，江泽民针对世情、国情、党情的深刻变化，指出：“马克思主义具有与时俱进的理论品质”，“全党同志要坚持马克思主义的科学原理和科学精神，善于把握客观情况的变化，善于总结人民群众在实践中创造的新鲜经验，不断丰富和发展马克思主义理论。”“解放思想，实事求是，与时俱进，开拓创新”又进一步丰富了党的思想路线的内涵。

名言

过去我们所取得的一切胜利，是靠实事求是；现在我们要实现四个现代化，同样要靠实事求是。

——邓小平

相关链接

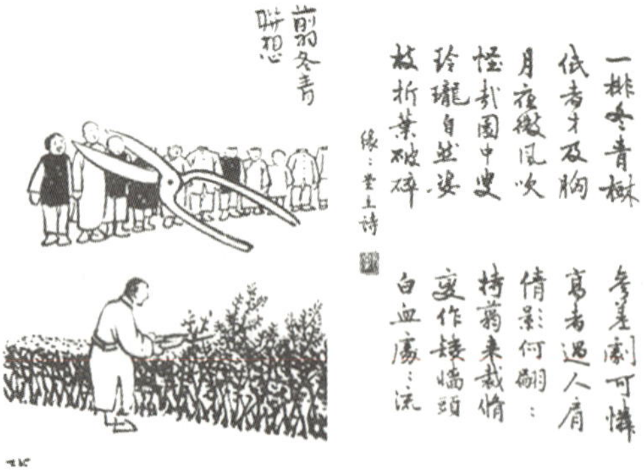

《剪冬青联想》和《父母的要求》这两幅漫画形象地说明了对人才的培养和使用都要从实际出发、因地制宜、因人而异、因材施教，不能搞“一刀切”，不能搞主观主义。

二、正确发挥主观能动性

人具有自觉能动性，这是人区别于其他动物的特点。人的自觉能动性，也叫人的主观能动性，是人所特有的能力与活动，它与动物只是消极、被动地适应自然有着本质的区别。

（一）人的自觉能动性的表现

相关链接

一天，有一人去寺庙卖木梳，和尚说："你卖木梳找错了地方了，我们头上无发，要木梳何用?"卖木梳的人说："你们用不着，可每天上你们寺庙烧香拜佛的人不少，他们有些人头发散乱，进庙堂有失大雅，如果在进香前每人都能把自己的头发梳理一下，再进寺院烧香，岂不更显得对佛至高无上的崇敬和一片诚心，对寺院、对你都是一种荣光。"和尚觉得此话有理，就买下了10把木梳。另一个卖木梳的也不甘示弱，一天，他也来到寺院向和尚兜卖木梳。和尚告诉他已经买了，不需要了。卖木梳的人告诉和尚："如果您再多买些木梳在上面刻下你们寺院的大名，向来寺院的人每人赠送一把，让他们带回去，告诉他们的亲戚朋友，这样就可以一传十、十传百，提高寺院的声誉，引来更多的人来寺院进贡烧香。"于是和尚心花怒放，又买下1000把木梳。可见，在现实生活中我们既要从实际出发，实事求是，又要充分发挥主观能动性，开拓创新。要敢想敢干，创出一番事业。

人的主观能动性包括以下几个方面：首先，人具有认识世界的能力，也就是我们通常所说的"想"。"想"就是认识世界。认识是人脑对客观事物的反映，这种反映不是消极被动的，而是积极主动的。人类的认识活动具有目的性和计划性，因而能够指导人们的活动。人类在同客观事物的接触中所形成的认识不仅可以反映事物的外部现象，而且还能够通过抽象思维活动把握事物的本质和规律；不仅可以反映事物的现状，而且还能预测事物的未来。

相关链接

居里夫人（1867—1934）原名玛丽亚·斯有可罗多夫·斯卡娅，是法国的物理学家、化学家，原籍波兰，与其丈夫比埃尔·居里共同研究放射性现象。大学毕业选择博士论文题目时，贝克勒尔的发现放射性论文引起了居里夫妇极大的兴趣。1897 年，居里夫人根据居里先生的建议，选取放射性作为自己的博士论文题目。他们进行了一系列的分离，得到越来越活泼的氯化物，他们把这种新的放射性物质中的一种新元素命名为镭（Radium）。为了提炼出足以进行实验的纯镭盐，他们决心从成吨的废矿石中提炼微量的放射性元素。他们找来一间废木棚做实验室。这哪里是实验室，是无人问津的存废料堆的仓库。没有窗户，玻璃顶棚早已破碎。冬天无法取暖，夏天闷热难熬。他们两人就像水泥工人一样，整天和矿渣打交道，用粗大的铁棒不停地搅拌大桶里的溶液，还要给溶液加热，饱受烟熏雾呛，劳累不堪。经过 4 年的努力，才从 8 吨矿渣中提取出 0.1 克的纯镭盐。1902 年，居里夫妇宣布，他们测得镭的原子量为 225，找到了两根非常明亮的特征光谱线，这时，镭的存在才得到公认。居里夫妇证实了镭元素的存在，使全世界都开始关注放射性现象。镭的发现在科学界爆发了一次真正的革命。居里夫人以《放射性物质的研究》为题，完成了她的博士论文。1903 年，居里夫人获得巴黎大学的物理学博士学位。同年，居里夫妇和贝克勒尔共同荣获诺贝尔物理学奖。镭能放射出 α 和 γ 两种射线，并生成放射性气体氡。镭放出的射线能破坏、杀死细胞和细菌。因此，常用来治疗癌症等。镭是现代核工业兴起前最重要的放射性物质，被广泛应用于医疗、工业和科研领域。

其次，人具有改造世界的能力，也就是我们通常所说的“做”。做、行动、实践，或者叫办事情，就是改造世界。人的主观能动性能够把握客观规律，把计划、方案等观念性的东西作用于实践，以创造性的活动改造客观世界，将观念变为现实。正是人类的这种改造活动，创造出了许多自然界所没有的东西，让我们的世界变得丰富多彩，让我们的生活发生了巨大的变化。

纳米技术是近年来出现的一门高新技术。“纳米”主要是指在纳米（一种长度计量单位，等于 1/1 000 000 000 米）尺度附近的物质，其表现出来的特殊性能用于不同领域而称之为“纳米技术”。纳米技术的应用前景十分广阔，经济效益十分巨大，美国权威机构预测，2010 年纳米技术市场估计达到 14 400 亿美元，纳米技术未来的应用将远远超过计算机工业。专家指出，纺织、建材、化工、石油、汽车、军事装备、通讯设备等领域，将免不了一场因纳米技术而引发的“材料革命”。纳米布料、服装已批量生产，像电脑工作装、无静电服、防紫外线服等纳米服装都已问世。使用纳米技术的新型油漆，不仅耐洗刷性提高了十几倍，而且无毒无害无异味。纳米技术正在改善着、提高着人们的生活质量。

最后，人在认识世界和改造世界的过程中具有决心、意志、干劲等精神状态，这也是人的主观能动性的重要表现。

相关链接

詹天佑是我国杰出的爱国工程师。从北京到张家口的这条铁路，最早是在他的主持下修筑成功的。这是第一条完全由我国的工程技术人员设计施工的铁路干线。1905 年，清政府任命詹天佑为总工程师，修筑从北京到张家口的铁路。消息一传出来，全国都轰动了，大家说这一回咱们可争了一口气。帝国主义者却认为这是个笑话。有一家外国报纸轻蔑地说："能在南口以北修筑铁路的中国工程师还没有出世呢。"原来从南口往北过居庸关到八达岭，一路都是高山深涧，悬崖峭壁。他们认为这样艰巨的工程，各国著名的工程师都不敢轻易尝试，至于中国人，是无论如何也完成不了的。詹天佑不怕困难，也不怕嘲笑，毅然接受了任务，马上开始勘测线路。他亲自带着学生和工人，扛着标杆，背着经纬仪，在峭壁上定点，测绘。塞外常常狂风怒号，黄沙满天，一不小心还有坠入深谷的危险。不管条件怎样恶劣，詹天佑始终坚持在野外工作。铁路经过青龙桥附近时，坡度特别大。火车怎么才能爬上这样的陡坡呢？詹天佑顺着山势，设计了一种"人"字形线路。北上的列车到了南口就用两个火车头，一个在前边拉，一个在后边推。过青龙桥，列车向东北前进，过了"人"字形线路的岔道口就倒过来，原先推的火车头拉，原先拉的火车头推，使列车折向西北前进。这样一来，火车上山就容易得多了。这条铁路不满四年就全线竣工，比原来的计划提早了两年。这件事给了藐视中国的帝国主义者一个有力的回击。今天，我们乘火车去八达岭，过青龙桥车站时，可以看到一座铜像，就是詹天佑。许多到中国来游览的外宾，看到詹天佑留下的伟大工程，都赞叹不已。

想一想："精神不是万能的，但是没有精神又是万万不能的。"你怎样看待这句话？

（二）正确发挥主观能动性

要正确地发挥主观能动性，就必须处理好尊重客观规律与发挥主观能动性之间的关系。客观规律始终制约着人们主观能动性的发挥，尊重客观规律是正确发挥主观能动性的前提和基础。做任何事情，如果无视客观规律，盲目地发挥主观能动性，必然会徒劳无功。而反过来，正确发挥主观能动性又是人们认识和利用规律的必要条件。正是由于主观能动性的发挥受客观规律的制约，才需要我们积极发挥主观能动性去认知、去探究。只有发挥主观能动性，才能认识事物的本质和规律，从而克服困难，去争取胜利。

情景案例

小云是幼师专业一年级的一名学生，说、唱、弹、跳、画是幼师专业学生的基本技能。刚开学的那段时间，她一直很苦恼，因为她在琴法的学习上遇到了困难。她总是很努力想把这门课程学好，但总是不大如意，甚至一度产生了放弃的念头。后来在老师的帮助下，她逐步掌握了一些专业技巧和弹奏规律，以前让她望而却步的曲子她也渐渐摸出了门道。她终于明白，任何事情都要讲究方法，一味蛮干、不讲规律，什么事情都不可能做好，只有掌握了方法，做事情才会事半功倍。

议一议：“谋事在人，成事在天。”“人有多大胆，地有多高产。不怕做不到，就怕想不到，只要想得到，就能做得到。胆量等于产量，思想等于行动。”请你辨析这两句话。

客观条件同样制约着主观能动性的发挥，不顾实际条件而蛮干一样是错误的。要认识和改造事物，就必须用一定的条件作用于该事物。人们在发挥主观能动性时，应该以规律为指导，发挥有利的条件，限制或排除不利的条件，达到最佳效果。一定的条件也是人们发挥主观能动性的前提和基础。如“农民种地决窍，看天看地又看苗”，发挥主观能动性时，要认识天气气候、地力、禾苗自身的状况和条件种地，才能获得预期结果。当然，不同的历史条件下，种地使用的劳动工具是不相同的。孔明用木流牛马运军粮比用肩挑手提先进省力，这就是从当时的条件出发进行的创造。

相关链接

某贫困地区为了脱贫致富，该地区人民根据其他地区“无工不富”的经验，建起了一些小型机械厂。但由于原材料和资金的缺乏，结果收效甚微。经过认真分析，该地区人民认识到本地区旅游资源丰富，适宜发展旅游业。于是因地制宜开发了现有的旅游资源，同时又根据实际情况增加了新的旅游项目，经济情况有了改观。在此基础上，他们又利用旅游带来的人气，发展了与旅游相关的餐饮业等服务产业，几年就摆脱了贫困，走上了致富之路。

议一议：该地区是根据什么来制定自己的经济发展战略的？这段材料告诉我们发挥主观能动性与客观条件之间有什么关系？

人的主观能动性的发挥还会受到主观条件的制约，这就要求我们不断积累正确的主观因素。人们发挥主观能动性的能力是伴随着人类的实践和学习的积累而不断形成、增强的，但这些又可能成为制约人们主观能动性进一步发挥的主观因素。它包括业已形成的观念、能力、方法和身心健康的程度等多方面的因素。因此，要想正确地发挥主观能动性，就必须不断自觉地总结经验，提高能力，不断排除错误的思想意识，只有积累起来的主观因素越正确，才能越有利于主观能动性的发挥，才能在认识世界和改造世界的过程中取得更大的成果。同时，在发挥主观能动性的过程中，必须坚持正确的价值取向，使主观能动性的发挥有益于人类、有益于国家、有益于集体。

相关链接

“功夫之王”也有先天缺陷

很多人都知道“功夫之王”李小龙的功夫十分了得，但很少有人知道，李小龙本来是有先天缺陷的。

中国功夫历来讲究“眼观六路，耳听八方”，眼睛不好为练武之大忌。可李小龙从小就是近视眼。李小龙曾十分坦诚地说：“因为我从小就近视，所以我从咏春拳学起，因为它最适合做贴身战斗。”

还有，他的两脚不一样长，右脚比左脚短 5 厘米。但也正因为如此，他左脚专事远踢、高踢，如狂风扫叶；右脚专事短促的阻击性踢法或隐蔽性踢法，近身发脚如发炮。同时，两脚的不一致使他摆出的格斗姿势优美别致、独具特点，成为一种武术流派的典型。

该故事启示我们，要在认识世界和改造世界的活动中有所建树，就必须发挥主观能动性。客观条件制约着人的主观能动性，却又给人发挥主观能动性提供了广阔的空间。李小龙正是在分析了自身客观条件的基础上，发挥了有利条件的作用，限制或排除了不利条件的影响，才形成了独具一格的武术风格，成为掀起了国内外“中国功夫热”的“功夫之王”。

总之，主观能动性的发挥既受到客观因素的制约，又受到主观因素的制约。这就要求我们一方面要充分发挥主观能动性，另一方面要尊重客观规律和客观条件，积累正确的主观因素，真正做到一切从实际出发，真正做到正确发挥主观能动性。

思考与训练

一、选择题

1. 意识和人脑的关系表现为（　　）

A. 意识是人脑的机能，人脑是意识活动的承担者

B. 意识是客观事物在人脑中的反映，意识的内容决定于人脑

C. 意识依赖于人脑，人脑是意识的源泉

D. 人脑能自行产生意识

2. 著名哲学家费尔巴哈曾说：“如果上帝的观念是鸟类创造的，那么，上帝一定是长着羽毛的动物；假如牛能绘画，那么它画出来的上帝一定是一头牛。”这句话告诉我们（　　）

A. 上帝观念是人和动物共有的

B. 宗教观念源于人类的社会生活

C. 上帝观念是不相同的、千差万别的

D. 不同的认识主体对事物的反映不同

3. 无论是人们对现状的感受与认识，还是对过去的考察与总结，乃至人们对未来的预测。它们的共同点是（　　）

A. 人脑对客观事物具体形象的反映

B. 人脑对客观事物的正确反映

C. 人脑对客观事物的反映

D. 人的意识对客观事物的改造

4. 物质和意识的辩证关系是（　　）

A. 物质决定意识，意识决定于物质

B. 物质决定意识，意识对物质具有能动作用

C. 先有物质，后有意识

D. 物质决定意识，意识决定物质

5. 我国古代相马专家伯乐著有《相马经》，上面说高高的额头眼睛鼓起，蹄子像酒药饼子的是千里马。有一天，他的儿子拿着《相马经》去寻找好马。出门看见癞蛤蟆，兴冲冲地告诉父亲说："我找到一匹千里马，外形和《相马经》所言大致相同，只是蹄子不像酒药饼子罢了。"这一事例告诉我们（　　）

A. 要努力学习书本上的理论知识

B. 要从实际出发，不能迷信书本

C. 要从自己的经验出发

D. 要把个人愿望作为立足点

6. 世间的一切事物都是运动变化的，这说明（　　）

A. 运动是普遍的、永恒的、有条件的

B. 运动是普遍的、永恒的、无条件的

C. 运动就是变化和发展

D. 静止是不存在的

7. 宋人有闵其苗之不长而揠之者，芒芒然归，谓其人曰："今日病矣！予助苗长矣!"其子趋而往视之，苗则槁矣。揠苗助长这则典故蕴含的哲学寓意是（　　）

A. 事物的运动是永恒的　　B. 事物运动有其自身规律

C. 物质和运动不可分　　D. 事物是变化发展的

8. 人们主观能动性的发挥的有效程度和大小取决于（　　）

A. 人们对理论知识掌握的多少

B. 人们的决心、意志、干劲的大小

C. 人们尊重客观规律的程度

D. 人们道德品质的好坏

二、辨析题

1. 先有建筑设计图，然后依据图纸施工建成建筑物，这说明先有意识，后有物质。

2. 人不能两次踏进同一条河流。

三、简答题

1. 简述物质和运动的辩证关系。

2. 为什么说世界是客观存在的物质世界？

3. 意识对物质的能动作用表现在哪些方面？

4. 人的主观能动性包括哪些方面？

四、论述题

阅读下文，想一想，在专业学习过程中你会怎样从实际出发，发挥自己的特长和优势？怎样做才能为踏上幼师工作岗位做好准备？

天生我材必有用

天下没有无用之人，一千两百多年前，李白在屡遭挫折后挥笔写下一首《将进酒》。“天生我材必有用”，千百年来，这句话不知激发了多少人的上进之心。何须苦叹时运之不济，命运掌握在自己的手中，靠自己的努力、拼搏，就会发现自己存在的价值。都说90后的孩子是迷茫的一代，如何给自己定位，我有话要对你们说。

步入职业学校的你们，或许曾经是老师、家长眼中的顽劣少年，或许你们常常为无法成为所谓的好学生而苦闷、彷徨，但你们一定要相信，任何人都是独一无二的，任何人都可以发光、闪亮。你们选择了职业学校，你们要为此感到庆幸，因为这是你们踏上光明之路的开端，要相信通过职业学校的学习，你会找到一个不一样的自己。

也许你会说，我只是一棵不起眼的小草，不错，社会本来就是一个很大的花园。有妩媚无比的鲜花在争奇斗艳，也有参天的大树，而更多的还是那不起眼的小草。既然是一棵小草，就应该做好一棵小草，尽自己的一份力去装点那美丽的花园。小草没有大树的伟岸，它却可以将大地变得富有生机，激情四射。

曾经读过贾平凹的一篇散文《丑石》，说的是一块不起眼的石头。这块黑黝黝的大石头，人人都嫌弃它。因为它既不能刻字雕花，也不能浣纱捶布，时间一长还长上了绿苔、黑斑，一些孩子们曾合伙要搬走它，但力气又不足，只好任它留在那里。有一日，来了一个天文学家，发现了这块石头，原来这是一块陨石，从天上落下来已经有两三百年了，是一件了不起的东西。所以当你失意时、当你不被众人理解时不要轻易给自己下结论，不要轻易给自己贴上"我不行"、"我不能"、"我不会"的标签，或许你就是那块了不起的"丑石"！不要因自己的不足而灰心，向着自己的特长发展，当你选择了自己最感兴趣的事业，就能在一个相对宽阔的舞台上最大限度地施展自己的才华，最大限度地挖掘自身的潜能，最大限度地发挥自身的作用，就能时常感受到由此带来的愉悦与快乐。有诗云：因为你的降临，这一天，成了一个美丽的日子，从此世界，便多了一抹诱人的色彩。是啊，每个人都是这五彩世界中的一笔，何不自信地去描绘自己的一生？

第三章
用联系和发展的观点看问题
——正确面对人生的挑战

本章导学

普遍联系的观点，是唯物辩证法的第一个总的特征。联系是普遍的，也是客观的。联系的观点，是我们坚持正确条件论的基础。联系的形式是多样的，要正确处理好整体与部分的联系。发展的观点，是唯物辩证法的又一总特征。发展的实质是新事物的产生和旧事物的灭亡。事物发展呈现量变和质变两种状态，量变是质变的必要准备，质变是量变的必然结果。任何事物的发展都是前进性和曲折性的统一。

物质世界不仅是普遍联系的，也是变化发展的。人们要正确地认识世界和改造世界，就必须坚持用联系的观点和发展的观点看待事物。恩格斯说过："当我们深思熟虑地考虑自然界或人类历史或我们的精神活动的时候，首先呈现在我们眼前的，是一幅由种种联系和相互作用交织起来的画面。"每一个人的成长都不会一帆风顺，难免会经历风雨，遇到挫折和坎坷。面对人生不如意时，有的人会悲观失望，甚至一蹶不振，而有的人会化被动为主动，正确对待人生的挫折，最终走向成功。世界上的一切事物都处在普遍联系和永恒发展中，在面对人生中的风雨、挫折和坎坷时，要用辨证的观点看问题；行走在曲折的路上时，要坚信前途是光明的，任何事物的发展都是前进性和曲折性的统一。只有正确地把握好联系和发展的观点，才能正确对待人生发展中的顺境与逆境，树立积极向上的人生态度，不断提高自身素质，创造出美好的人生。

第一节　世界是普遍联系的

一、事物联系的客观普遍性

联系是指事物之间以及事物内部各要素之间相互作用、相互影响、相互制约的关系。唯物辩证法认为，世界是普遍联系的，没有孤立存在的事物和现象。世界上的一切事物、现象和过程彼此相互联系，整个世界是相互联系的统一整体；每个事物、现象和过程内部的各个部分、要素、环节之间，也是相互联系、彼此制约的；任何事物都是由各个要素彼此联系组成的有机整体。我们要辩证地认识客观世界，首先就要把握世界的普遍联系。普遍联系的观点是唯物辩证法的一个总的特征。

名言

辩证法是关于普遍联系的科学。

——恩格斯

相关链接

用烟头制造的灾难

一个男人在天桥上行走时，顺手把吸剩的烟头一抬手扔了出去，烟头在半空划了一个漂亮的弧线后冲向了桥下。过了三秒钟，一辆疾驰而来的出租车突然一头扎向路边，撞到了路边的绿化带中。过了一个月，有一家工厂发生了一场火灾，这场大火让厂里的所有设备化为乌有。再一个半月之后，那位在天桥上扔烟头的男人准备戒烟了，因为他现在失业了。这个男人失业的原因是他所在的工厂因为事故破产了。工厂破产的原因是因为一场大火把工厂烧毁了。而工厂失火的原因是负责对工厂消防设施进行检查和改造的工作人员住院了，所以检查和改造工作暂时停止了。而工作人员住院的原因是他所乘坐的出租车突然发生了意外，撞到了路边的绿化带。出租车出事故的原因是一个未熄灭的烟头突然从天落入司机的衣领，让司机慌了神。

议一议：这个小故事体现了什么哲学原理？

（一）联系的普遍性

联系的普遍性是指世界上的任何事物和过程都不能孤立地存在，都同前后、周围的其他事物和过程联系着；每一事物和过程的各个要素和环节也不能孤立地存在，都同其他要素和环节联系着；整个世界是一个相互联系的统一整体和过程，任何事物和过程都是普遍联系的一个部分、环节或阶段。孤立的、不与其他事物和过程相联系的事物和过程是不存在的。普遍联系是世界物质统一性的内在体现。

相关链接

生物链指的是由动物、植物和微生物互相提供食物而形成的相互依存的链条关系。这种关系在大自然中很容易看到。比如，有树的地方常有鸟，有花草的地方常有昆虫。植物、昆虫、鸟和其他生物因生物链而联系在一起，相互依赖而共存亡。生物链的例子常常就在我们身边，而且使人受益匪浅。比如，植物长出的叶和果为昆虫提供了食物，昆虫成为鸟的食物源，而鸟又是鹰和蛇的食物源，有了鹰和蛇，鼠类才不会成灾……当动物的粪便和尸体回归土壤后，土壤中的微生物会把它们分解成简单化合物，为植物提供养分，使其长出新的叶和果。就这样，生物链建立了自然界物质的健康循环。

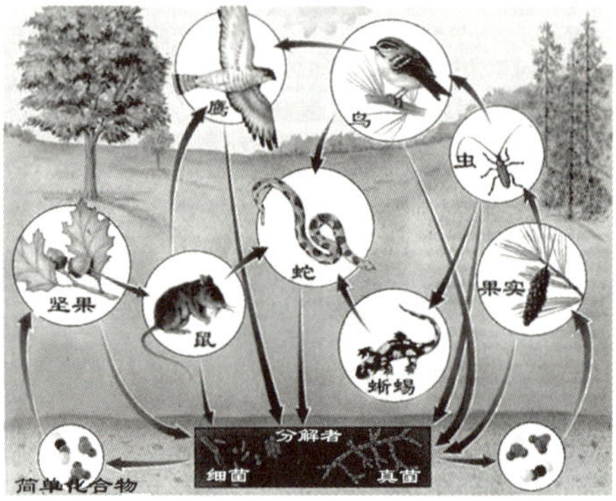

生物链也可以理解为自然界中的食物链，它形成了大自然中“一物降一物”的现象，维系着物种间天然的数量平衡。人类与大自然也通过食物链而连接着。人的食物主要来自植物和动物，而动植物是从自然环境中得到营养才生长而成的。如果这些动植物含有了来自环境污染的成分，人吃了就有危险。拿水产鱼类来说，如果自然界有了汞的污染，而土壤中的有些微生物可以把汞转变成有机汞，鱼类吃了这样的微生物就会把有机汞存在身体中，人吃了这样的鱼，汞就会进入人的神经细胞中，人就会得可怕的疾病。

议一议：自然界的生物链说明了什么道理？

（二）联系的客观性

联系的客观性是指联系是事物本身所固有的客观现象，是不以人的主观意志为转移的，也不是人们强加给事物的。世界上没有孤立存在的事物，每一种事物都是和其他事物联系着而存在的，这是一切事物的客观本性。坚持联系的客观性，要求我们从客观事物本身固有的联系出发，这是唯物辩证法同唯心辩证法、诡辩论的重要区别所在。

由于事物之间的联系是客观的，所以我们必须反对两种倾向：

一是反对凭空胡乱联系。“乌鸦叫丧，喜鹊叫喜”，“左眼跳财，右眼跳灾”等，这些都是唯心主义的想法，不仅不能给我们的生活带来好运，反而可能会给我们带来诸多不便，所以我们必须反对这种凭空捏造的联系。现实生活中，不仅存在着这种主观臆造联系的现象，更严重的是存在着大量无视客观联系，甚至破坏客观联系的现象。

二是反对忽视客观联系。1998 年夏季为什么会出现百年一遇的洪涝灾害？这是由于人们为了片面追求眼前的经济利益，不惜破坏自然资源和生态环境，忽视了人口与资源、人口与环境的联系而造成的。许许多多触目惊心的事例告诉我们，正是人们忽视了客观存在的联系，而遭到自然界的惩罚。人类如何对待自然，自然也将如何对待人类，所以为了人类自身的生存和发展，我们必须自觉地保护环境。

相关链接

差　距

两个同龄的年轻人同时受雇于一家店铺，并且拿同样多的薪水。一段时间后，叫阿诺德的小伙子青云直上，而那个叫布鲁诺的却仍在原地踏步。对此，布鲁诺很不满意老板的不公正待遇。终于有一天他到老板那儿发牢骚了。老板一边耐心地听着他的抱怨，一边在心中盘算着怎样向他解释清楚他和阿诺德之间的差别。“布鲁诺先生”，老板开口说话了，“您到集市上去看一下，看看今天早上集市上有什么卖的。”布鲁诺从集市上回来向老板汇报说，今早到现在集市上只有一个农民拉了一车土豆在卖。“有多少？”老板问。布鲁诺赶快带上帽子又跑到集市上，然后回来告诉老板一共有 40 口袋土豆。“价格是多少？”布鲁诺又第三次跑到集市上问来了价钱。“好吧”，老板对他说，“现在请您坐到这把椅子上一句话也不要说，看看别人是怎么做的。”老板让人叫来了阿诺德，也叫他去集市上看看有什么卖的。阿诺德很快从市场上回来了，并汇报说到现在为止只有一个农民在卖土豆，一共 40 袋，价格是多少多少，土豆的质量很不错，他带回来一个让老板看看。这个农民一个钟头以后还会弄来几筐西红柿，据他看价格非常公道。昨天他们铺子的西红柿卖得很快，库存已经不多了。他想这么便宜的西红柿老板肯定会要进一些的，所以他不仅带回来一个西红柿做样品，而且把那个农民也带来了，他现在正在外面等着回话呢。此时老板转向了布鲁诺，说："现在你肯定知道为什么阿诺德的薪水比你高了吧？"

从哲学的角度来看，阿诺德和布鲁诺的区别在于：第一，能否把握事物本身所固有的联系。阿诺德能将土豆这种商品的数量、质量、价格以及供给量等有关商品交换的固有因素联系起来，而布鲁诺则不能。第二，能否把握事物与周围事物的联系。阿诺德能将土豆与老板联系起来（带回一个给老板看），又能将店铺与西红柿联系起来，还能将买者（老板）与卖者（农民）联系起来，而布鲁诺则不能。第三，能否把握事物先后相继的历史关系。阿诺德能够将昨天与今天，库存与现货联系起来，而布鲁诺则不能。所以，他们之间存在差距是必然的。

我们必须牢记，联系是客观的，是不以人的意志为转移的，人们既无法否定事物与周围事物的客观联系，也无法割断事物的过去、现在与将来的联系。但事物间联系的客观性，并不否认人们可以发挥主观能动性建立起新的、具体的联系。例如，北京与九龙之间本来就存在着联系，而京九铁路建成后，不仅密切了北京与九龙之间的联系，促进港澳地区的稳定繁荣，而且带动了沿线地带与四面八方建立联系，推动了经济和社会的发展。

（三）坚持正确的条件论

唯物辩证法的联系观点，是我们坚持正确条件论的基础。条件，即同某一事物相联系并对其存在和发展发生作用的因素。有多少种联系，就会有多少种条件。从一定意义上说，我们认识事物，就是认识事物的联系和条件；我们改造事物，就是要改变事物的联系和存在条件。在条件问题上，我们要坚持唯物论与辩证法的统一。坚持条件论的唯物论，就是承认条件的客观性，承认人的活动受条件的制约；坚持条件论的辩证法，就是承认条件的复杂性和可变性。

相关链接

沥青湖的诱惑

在拉丁美洲加勒比海地区的东南端，有一个不起眼的小岛，名叫特立尼达和多巴哥，这个小岛不仅以“蜂鸟之乡”著称于世，还因小岛上神奇的沥青湖名闻天下。这个岛屿虽然面积不大，但植被茂密，生活着许多野生动物。岛上有一个面积仅 0.47 平方公里的小湖。这个湖可不是一般的湖，它的表面覆盖的并不是死水，而是半硬化状态的沥青。原来，此湖原是一座火山口，由于地壳运动，地下石油和天然气沿着岩层间的缝隙慢慢涌进火山口，溢满成湖。后来，石油逐渐挥发，残渣慢慢沉淀，形成了今天人人称奇的“沥青湖”。令科学家感兴趣的不只是沥青湖奇特的形成方式，还有一个重要的理由在于沥青湖是研究当地生物演变的重要材料。原来这个不大不小的沥青湖每年都要“吃掉”大量的动物，这些掉进沥青湖的动物遗体较好地保存了下来。由于沥青湖的形成过程经历了漫长的历史，所以几乎每个时代的动物都能在沥青湖中找到。生物学家从中发掘出的动物不但有形体较大的豹子、狼，也有水鸟、狐狸等体型较小的动物。人们为了解开沥青湖的“杀人”秘密，对沥青湖进行了长时间的跟踪拍摄。根据拍摄资料，人们发现，沥青湖受气候影响，在不同的季节会有迥异的变化，雨季到来的时候，水积于湖面，与真正的湖没什么两样；旱季到来的时候，水很快蒸发掉，湖里的沥青逐渐露出来，仅留下一些小水坑。水坑中有水草，偶尔还剩下几条在雨季结束之前没能逃掉的小鱼。这样，便引来了喜欢吃小鱼的鸟。鸟儿吃饱了小鱼，便站在湖面上休息。就是这致命的一站使沥青粘住了鸟儿的双脚，鸟儿越挣扎，被粘的越紧，终于，鸟儿不再动弹。不久，机灵的狐狸发现了湖中的鸟儿，看着一动不动的鸟儿，狐狸奋不顾身地冲了过去，结果狐狸也被沥青粘住了。在湖里动弹不得的狐狸，引来了嗅觉灵敏的鬣狗和野狼，为了争抢死去的狐狸，鬣狗和野狼在沥青湖面上恶战一场。当然，它们的结局相同，都被湖里的沥青给牢牢粘住。这些被粘在湖上的动物，站着的活活被饿死，躺下的让沥青灌满喉咙，被沥青湖残忍地夺去了生命。然后悲剧还在继续，尽管每年都有大量的动物死于沥青湖，但仍然有很多动物前仆后继地朝沥青湖奔去。到了食物奇缺的干旱季节，豹子这样的大型动物也忍不住冲过去想要一饱口福，结果无一例外地丧生于沥青湖。

议一议：在什么样的条件下，不同的动物们为什么会丧生于沥青湖？

事物的联系是复杂的、多方面的，因而事物所处的条件也是复杂的、多方面的。有内部条件和外部条件，有有利条件和不利条件，有一般条件和特殊条件，有主要条件和次要条件，等等。而且，这些区分也是相对的。在条件问题上简单化的观点是违反辩证法的。事物的具体联系又是可变的，因而事物所处的条件也是可变的。人的活动要依据一定的客观条件，同时人又参与条件的变化。

从条件论的重要性可以看出普遍联系原理重大的实践意义。我们想问题，办事情，都不能抛开事物的联系，也就是要充分估计各种条件的影响。离开具体条件去想问题，只能陷入没有根据的空想；不顾条件去做事情，只能是鲁莽的蛮干。更多时候，我们要立足现实，创造有利条件，更好地工作、学习和生活。

相关链接

爱斯基摩人捕狼

爱斯基摩人生活在严寒的北极地区。生活在残酷的自然坏境里的爱斯基摩人，必须面对长达半年的黑暗，抵御零下几十度的严寒，他们夏天奔忙于汹涌澎湃的大海之中，冬天挣扎于漂移不定的浮冰之上。他们在这里摸索出了一套独特的生存本领，比如神奇的捕狼术。严冬时节，他们在锋利的刀刃上涂上一层新鲜的驯鹿血。等血冻住后，他们再涂上第二层，如此反复，直到刀刃被冻血裹得严严实实，尖刀就变成了一根“冰血棍”。下一步，爱斯基摩人把制作好的尖刀反插在地上，刀把结实地埋在地里，刀尖朝上。当狼顺着驯鹿的血腥味找到这样的“冰棍”时，它们会兴奋的舔食刀上新鲜的冻血。融化的血液散发出强烈的气味，在血腥味的刺激下，狼会越舔越快，越舔越用力。不知不觉，刀刃上的冻血已被舔食完毕，可它们根本停不下来，它们的舌头舔到刀锋，也感觉不到舌头被刀锋划开的疼痛。此时狼完全不知道它正在舔食的其实是自己的鲜血，它们只是更加饥饿，更加贪婪。随着它们的舌头越舔越快，血流得越来越多，终于，在这种进食的快感中，狼不知不觉地昏倒在雪地上。这时，守候在一旁的爱斯基摩人轻轻松松地就把狼捉到了。

议一议：狼是很聪明的动物，为什么它会被爱斯基摩人轻易地捕捉到?

二、事物联系形式的多样性

由于具体事物的性质、所处的环境条件不同，事物之间的联系是极其复杂的，呈现出多样性的特点。物质世界相互联系的普遍性并不否认事物的相对独立性。

每一事物都与其他事物相区别，都有自己存在和发展的历史。看到事物的普遍联系而看不到事物的区别，或者仅仅看到事物的区别而看不到事物的普遍联系，都是不对的。物质世界的无限复杂性，决定了事物的联系及其形式的多样性。

（一）直接联系和间接联系

按照事物联系有无中间环节，可将联系分为直接联系和间接联系。直接联系是指事物和现象之间及事物内部的不同方面之间，不经过中间环节而发生的相互作用和相互制约的联系。间接联系是指通过中间环节而发生相互作用和相互制约的联系。中间环节是形成联系的重要因素。每个事物都以其他事物为中间环节而与别的事物发生间接联系，同时，每个事物又都是其他事物之间发生间接联系的中间环节。间接联系显得比较迂回曲折，其中间环节可以是几个，也可能是经过千万次的转化而发生的联系。

相关链接

从前有个地方，城门下面有个池塘，一群鱼儿在里面快乐地游着。突然，城门着火了，一条鱼儿看见了大叫：“不好了，城门失火了，快跑吧！”但是其他鱼儿都不以为然，认为城门失火，离池塘很远，用不着大惊小怪。除了那条鱼儿之外，其他鱼都没有逃走。这时，人们拿着装水的东西来池塘取水救火。过一会儿，火被扑灭了，而池塘的水也取干了，满池的鱼都遭了殃。

从这则小故事中，我们能悟到什么启示？

（二）本质联系和非本质联系

按照事物之间联系的性质，可分为本质联系和非本质联系。本质联系是指事物之间内在的、有机的、稳定的联系。非本质联系是指事物之间外在的、易逝的、不稳定的联系。俗语中的“种瓜得瓜，种豆得豆”就是本质联系；而一只乌龟从天上掉下来，恰巧落在下面行走的一个和尚的秃头上，则是非本质联系。为什么呢？天上正飞着一只老鹰，是老鹰叼着的乌龟摔了下来。又为什么乌龟会摔下来？是因为下面有位猎人正弯弓搭箭，瞄准了老鹰，老鹰为了逃生，只能放了乌龟而去。

相关链接

守株待兔

从前，宋国有一个农民，每天在田地里劳动。有一天，这个农夫正在地里干活，突然一只野兔从草丛中窜出来。野兔因见到有人而受了惊吓。它拼命地奔跑，不料一下子撞到农夫地头的一截树根上，折断脖子死了。农夫便放下手中的农活，走过去捡起死兔子，他非常庆幸自己的好运气。晚上回到家，农夫把死兔交给妻子。妻子做了香喷喷的野兔肉，两口子有说有笑美美地吃了一顿。第二天，农夫照旧到地里干活，可是他再不像以往那么专心了。他干一会儿就朝草丛里瞄一瞄，希望再有一只兔子窜出来撞在树桩上。就这样，他心不在焉地干了一天活，该锄的地也没锄完。直到天黑也没见到有兔子出来，他很不甘心地回家了。第三天，农夫来到地边，已完全无心锄地。他把农具放在一边，自己则坐在树桩旁边的田埂上，专门等待野兔子窜出来。可是又白白地等了一天。后来，农夫每天就这样守在树桩边，希望再捡到兔子，然而他始终没有再得到。但农田里的禾苗因无人锄地而枯萎了。农夫因此成了宋国人谈论的笑柄。

想一想：那个农夫为什么再也没有等到撞在树根上的兔子了？

（三）横向联系和纵向联系

事物之间的联系，不仅表现为横向方面的左邻右舍的联系，也表现为纵向方面的古往今来的联系。例如，科学的发展揭示出地球从它产生至今，已经经历了太古代、元古代、古生代、中生代和新生代五个地质时代，现在还在继续变化和发展，这是地球的纵向联系。中国是一个发展中的社会主义国家，和非洲的一些国家相比，我国的综合国力明显胜出；但和美国、日本等发达国家相比，则明显还有一定的差距，这就是一种横向联系。

三、坚持用联系的观点看待一切事物和现象

用联系的观点看问题，是马克思主义辩证唯物主义思想的原则和方法，也是人们经过实践后验证的客观真理。世界上的一切事物都存在着联系，只不过有的是客观因素引起的联系，有的是主观条件所造成的联系。所以，在日常生活、学习和工作中，我们都必须注意事物的联系，学会用联系的观点看待事物，这样我们对事物的认识能力才能得到提高。

（一）正确处理整体与部分的联系

在认识和对待一个事物时，要注意它和周围事物之间的相互作用、相互影响。在认识和对待事物内部的每一个要素时，也要注意它同其他要素之间的相互作用、

相互影响。因此，坚持联系的观点，特别要处理好全局与局部、整体与部分的关系。全局是事物的各个内在要素相互联系构成的有机整体及其发展的过程。局部是指组成事物整体的各个方面、要素及其发展过程的某一阶段。正确处理全局和局部的关系，我们应当做到：

第一，树立全局观点，局部服从全局。全局和局部的地位不是平列的，不能同等对待。全局处于决定地位，局部处于从属地位。全局高于局部，统率局部，局部必须服从全局。例如，交响乐队有管乐和弦乐两部分，管乐中有长号、小号、圆号、黑管等乐器，弦乐中有小提琴、中提琴、大提琴、低音提琴等乐器。演奏者们用不同的乐器演奏时，必须统一指挥，通力配合，才能奏出和谐的音乐。如果演奏者不服从全局，各吹各的调，那只能出现一片噪音，谈不上有什么艺术效果。在全局利益和局部利益不可兼得时，应该牺牲局部利益来保证全局利益。在象棋中有一招，叫“丢车保帅”，意思是在形势危急的情况下，为了不输棋，宁可让对方吃掉“车”，也要保住“帅”。

相关链接

咬断后腿的狼

丹尼斯作为美国野生动物保护协会的成员，常年生活在野外和动物打交道。为了搜集更多关于狼的资料，丹尼斯循着狼的足迹，走遍了大半个地球。那一段时间里，他扛着摄像机攀山越岭，希望能拍摄到狼的真实生活场景。经过艰辛的跟踪拍摄，丹尼斯终于在非洲大草原上拍摄到了一组珍贵的镜头。那是一个极度干旱的季节，许多动物都因为缺少水和食物而死去了，为了争夺一只被狮子吃剩的野牛的残骸，草原上的一群狼和一群鬣狗发生了冲突。尽管狼比起鬣狗来身体要占明显的优势，但由于狼的数量要比鬣狗少得多。所以狼群中的成员一只又一只地倒在了鬣狗的利牙之下。当然，鬣狗并没有占到什么便宜。最后，战场上只剩下一只狼王和五只鬣狗还在对峙。显然，狼王与鬣狗的力量是悬殊的，何况此时的狼王还在混战中被咬断了一条后腿。就算狼王再猛烈，此时，那条牵拉在地上的后腿也是它无法摆脱的障碍。战争进行到这里，草地上已撂满了鬣狗和狼的尸体，但鬣狗似乎没有要停下来的意思。五只鬣狗龇着牙，向受伤的狼王步步紧逼。狼王睁红了双眼，发出低低的声音，突然扭头一口咬断了自己的后腿，接着扑向离它最近的那只鬣狗，一口咬断了它的喉咙，面对狼王突如其来的动作，其他四只鬣狗惊呆了，都站在原地不敢向前。草地上，满地是血。怒目而视的狼王也浑身是血。它的嘴里流着鬣狗的血，腿上流着自己的血，眼里似乎也冒着仇恨的血。终于，那四只鬣狗拖着疲惫的身体离开了。

议一议：如果狼王不咬断自己的后腿，会有什么样的后果？

第二，重视局部的地位和作用。全局是由一个个局部组成的，任何一个局部都是全局不可缺少的组成部分，都对全局有一定的影响。全面地看问题，就要重视发挥局部的作用。例如，参加交响乐演奏的每一位演员，都是乐队不可缺少的一个部分。只有每一位演员都演奏好自己的乐曲，才能奏出完美的交响乐。如果有一位演员演奏不好，就会影响整体的演奏效果。

相关链接

木桶和木板的对白

（1）木桶：我是整体，若没有我，你们木板就失去了存在的意义，你们必须服从我的要求。

木板：不对吧，应该说没有我们木板就没有你们木桶，凭什么要我服从你呢？

（1）　（2）　（3）

（2）木桶：人类生产我们的目的是盛水，只有木桶才能盛水。为了多盛水，你要再长一些，与伙伴们保持一致，可不能闹分裂啊！

木板：你能盛多少水，还不是由我说了算。

（3）木板：我离开了你，照样存在。我要……

议一议：结合木桶和木板的争论，请你说说整体和部分的关系。

第三，抓住关键性的局部。不同的局部在全局中的地位和作用不一样。有的局部在全局中处于关键地位，起着主导作用。这就要求我们既要把握全局，又要抓住关键和决定性的局部，这样才能把全局带动起来。例如，“牵牛要牵牛鼻子”说的就是这个道理。牛鼻子是一头牛全身的关键部位，牵住了牛鼻子，就可以把这个庞然大物带走。如果去拉牛的尾巴，去推牛的屁股，用的力气再大，也不能把牛带走。

最后，要坚持联系的普遍性，在事物的全面联系中完整地把握事物。在认识事物的过程中，把个别事物从普遍联系中抽取出来，或者把整体事物的各个组成部分分割开来，单独地、分别地加以研究，这是完全必要的。只有在普遍联系的同时又注重其整体性，才能获得全面而深刻的认识。

相关链接

南朝时候，有个叫吕僧珍的人，饱读诗书，待人忠实厚道。吕僧珍的家教极严，他对每一位晚辈都耐心教导、严格要求、注意监督，所以他家形成了优良的家风，家庭中每一个成员都待人和气、品行端正。吕僧珍家的好名声远近闻名。南康郡守季雅是个正直的人，他为官清正耿直，秉公执法，从来不愿屈服于达官贵人的威胁利诱，为此他得罪了很多人，一些大官僚都视他为眼中钉、肉中刺，总想除去这块心病。终于，季雅被革了职。被罢官以后，季雅一家人只好从豪华的大府第搬了出来。季雅不愿随随便便地找个地方住下，他颇费了一番心思，四处打听，看哪里的住所最符合他的心愿。很快他就从别人口中得知，吕僧珍家是一个君子之家，家风极好。他不禁大喜，来到吕家附近，发现吕家子弟个个温文尔雅，知书达理，果然名不虚传。说来也巧，吕家隔壁的人家要搬到别的地方去，打算把房子卖掉。季雅赶快去找这家要卖房子的主人，愿意出1100万钱的高价买房，那家人很满意，二话不说就答应了。于是季雅将家眷接来，就在这里住下了。吕僧珍过来拜访这家新邻居，两人寒暄一番，吕僧珍问季雅：“先生买这幢宅院，花了多少钱呢？”季雅据实回答，吕僧珍很吃惊：“据我所知，这处宅院已不算新了，怎么价钱如此之高呢？”季雅笑了，回答说：“我这钱里面，100万钱是用来买宅院的，1000万钱是用来买您这位道德高尚、治家严谨的好邻居啊！”

议一议：请运用联系的观点，说一说季雅为什么要出高得多的价钱，也要选一个好邻居？从中，我们可以得出什么启示？

（二）把握过去、现在和未来的联系

在注意事物的联系时，我们还应把握过去、现在和未来的联系。两次鸦片战争时期，腐败的清政府割地赔款，卖国求荣，中国人民生活在水深火热之中。弱国无外交，中国被帝国主义列强肆意凌辱。新中国成立后，伴随着几代领导人的

不断努力，改革开放的中国取得了举世瞩目的成就，综合国力不断增强，人民群众的物质文化生活水平稳步提高，国防军事的现代化水平不断提升，那些所谓的霸权主义国家再也不能像过去那样随意对中国动武了。今天，虽然是和平年代，但我们不能忘掉过去，仍要坚持改革开放，坚定不移地走强国强军之路。只有这样，中国人民才会世世代代生活在一个有安全保障的幸福国度里。

（三）善于抓住有利于自己的联系

每个人在其一生的成长过程中，都会和周围的人或事物发生这样或那样的联系。在诸多联系之中，我们要善于观察，把握机遇，抓住那些有利于自己的联系，帮助自己更好的成长。

相关链接

周杰伦，1979 年 1 月 18 日出生于台北。爸爸是生物老师，妈妈是美术老师。从小，周杰伦对音乐就有着独特的敏感，听到音乐就会随着节奏兴奋地摇晃，有时候一边看电视，一边戴上墨镜学高凌风唱歌。母亲见他在音乐方面很有天赋，毫不犹豫地拿出家里所有的积蓄，给他买了一架钢琴。这一年，周杰伦才 4 岁。虽然是教师之子，周杰伦的学习却不尽如人意，只能用“对音乐有天分的人，好像其他成绩都不太好”来形容他。高中联考时，周杰伦的功课还是很差，只考了 100 多分。当时淡江中学第一届音乐班招生，周杰伦抱着试一试的心态参加了考试，竟然考上了。在高中时能学习音乐，周杰伦幸福无比，他的音乐天赋和才华在这里得到了认同。音乐对于他而言，与其说是一种兴趣，不如说是另一个世界。高中时代选择读音乐班对于周杰伦来说又是一个重要的选择。由于偏科严重，还屡屡挂科，周杰伦没有考上大学，因此，先择业还是先就业是他当时面临的严重问题。如果择业，最吸引他的一定是成为一名歌手，但一个普普通通的 17 岁孩子，如何成为歌手？于是周杰伦在无数次碰壁后选择了做餐厅侍应生——先生存，再发展。在餐厅工作之后，一个偶然的机会降临了，老板为提高餐厅的档次，决定在大堂放一部钢琴，但连续试了几个钢琴师都不满意。周杰伦在空闲的时候偷偷试了试，他的琴声震惊了不少同事，包括他的老板。老板拍着周杰伦的后背说：你可以在这两个小时不用干活了。在餐厅里打工和弹琴让周杰伦慢慢开始有了为公众演奏的机会，也慢慢积累起自己的听众。如果没有那个意外的出现，他也许会觉得这样工作也挺好的。但是，机遇从不会忘记那些执着于梦想的人。

1997 年，周杰伦的表妹瞒着他，偷偷给他报名参加了当时台湾著名娱乐主持人吴宗宪的娱乐节目《超猛新人王》。当时的周杰伦是给别人担任钢琴伴奏，他非常害羞，甚至不敢上台唱自己的歌，最后的结果也惨不忍睹。但主持人路过钢琴的时候，惊奇地发现这个连头也没敢抬的小伙子谱着一曲非常复杂的曲子，而且抄的工工整整！他意识到这是一个对音乐很认真的人。节目结束以后，他问周杰伦：你有没有兴趣参加我的唱片公司，任音乐制作助理？有了这个机遇，加上周杰伦的努力，他成了名副其实的流行乐坛巨星。

也许我们没有周杰伦的天赋，但成功的路上绝对没有偶然。

议一议：周杰伦的成功路上，有哪两个关键路口显得尤为重要？

第二节　世界是永恒发展的

一、事物发展的普遍性

唯物辩证法是关于事物普遍联系的科学。发展的观点，是唯物辩证法的又一总特征。

世界上的一切事物都处在永不停息的运动、变化和发展的过程中，整个世界是一个无限变化和永恒发展着的物质世界。发展就是新事物的产生和旧事物的灭亡，即新事物代替旧事物的过程。用发展的观点观察和分析问题，要把事物如实地看成是一个变化发展的过程；要弄清事物在发展过程中所处的阶段和地位；要与时俱进，培养创新精神，促进新事物的成长。

相关链接

石器

青铜器

铁器

蒸汽机

生产工具的发展经历了一个由简单到复杂、由低级到高级的过程。

（一）一切事物都是变化发展的

世界上的任何事物都处在永不停息的变化发展之中，都有其产生、变化和发展的历史。

首先，自然界是变化发展的。地球从产生到现在已经有大约四十六亿年的历史，先后经历了“天文时期”和“地质时期”两大演化阶段。地壳刚形成时，地球还是一个没有生命的死寂的星球，到距今三十多亿年前，地球上才出现生命，开始了生物进化的历史。生物都是由细胞构成的。植物经历了从单细胞到多细胞、从水生到陆生、从简单到复杂、从低等到高等的不断发展的过程。动物也经历了从单细胞到多细胞、从无脊椎到有脊椎、从水生到陆生、由低等动物慢慢地发展到哺乳动物，进而由类人猿进化到人类的过程，最终产生了人类社会。

相关链接

有世界屋脊之称的青藏高原，在距今2亿年前至4000万年前曾是一片汪洋大海，后来由于地壳运动使海水从北向南逐步退却，同时又受到印度大陆板块向北推移的巨大力量的挤压使地面逐步升高，才逐渐演化为高原地带。今天，青藏高原整体上仍然处在隆升过程中。长江最初是由东向西。一泻千里，流入古地中海。随着西高东低的走势逐步形成和青藏高原的出现，才发展到今天我们所看到的滚滚东流的巨川——长江。

其次，人类社会也是不断发展的。纵观人类历史，从原始人的木棒、石器到现代的机械化、自动化，从刀耕火种到机械耕作、飞机播种，从独木舟、独轮车到运载火箭、人造卫星，从原始社会到社会主义社会，每一次社会形态的更替都表明人类社会是一个不断发展的过程。人类通信手段的发展是我们当代人感受尤为深切的。在古代，人们在烽火台点狼烟报告敌情；辟驰道、设驿站，靠接力骑马报信。后来发展到靠车船、飞机邮寄信件，通过电报、电话沟通。在当代，除了电传、无线电话外，又发展到在计算机网络上发“E-mail”，使通信联络变得更简便、更快捷。

相关链接

（1）1900 年，八国联军占领北京，中华民族蒙受巨大屈辱，国家频临灭亡的边缘。

（2）1949 年，中华人民共和国成立，中国人民从此站起来了。

（3）2000 年，中国在社会主义基础上进入小康，大踏步走向繁荣富强。

议一议：回顾 20 世纪中国的历史，你能否体会到中国社会的巨大发展？

再次，人的认识也是一个由不知到知、由知之不多到知之较多、由肤浅到深刻的发展过程。无论是对整个世界的认识，还是对世界某一领域或某一方面的认识，乃至对每一具体事物的认识，都是如此。无数事实表明，无论是自然界，还是人类社会和人类认识，都是变化发展的，一成不变的事物是没有的。任何事物都有其产生和发展的过程。正是无数具体事物的有限的变化和发展，才构成了整个世界的无限发展。

从 1946 年第一台电子计算机问世至今的六十多年，计算机行业的发展异常迅速。现在，每几个月就有新产品出现，每一两年就会更新换代一次。科学家预计在不久的将来还会出现量子计算机、生物芯片计算机。科技的进步日新月异，在我们的生活中，手机、数码相机、液晶电视等各式各样的高科技产品陆续走进了寻常百姓家。人类认识的每一次进步，都会推动社会的进一步发展。

（二）发展的实质是新事物的产生和旧事物的灭亡

唯物辩证法认为，新陈代谢、推陈出新、除旧布新，是宇宙间普遍的、永远不可抗拒的发展规律。发展的实质就是新事物的产生和旧事物的灭亡，即新事物代替旧事物。

事物是运动变化的。运动作为物质存在的方式，是一般的变化。它包括宇宙中发生的一切变化和过程，主要指事物变动不居的动态过程。而变化则侧重于强调运动中所发生的状态乃至性质的改变。变化既包括缓慢的量的变化，也包括快速的质的变化；既可以是前进的上升的运动，也可以是倒退的下降的运动。但是，运动和变化都没有直接表达或规定运动、变化的总体性质和趋势。因此，唯物辩证法不能只在一般意义上承认物质的运动和变化，而应进一步揭示万事万物各种运动变化之间的整体联系及其所包含的趋向性。这就必然要提出发展的问题。发展是一种运动和变化，但决非任何运动变化都是发展。只有那些上升的、向前的、进步的变化才是发展。所以说，发展的实质就是新事物的产生和旧事物的灭亡。

事物的运动变化具有多向性，大体表现为三个方向的变化：一是水平方向的运动，如生物在物种不变的情况下数量和分布的变化；二是下降的运动，如种子埋在地里发生霉烂，一个人不学好而跌入犯罪的泥潭；三是上升的运动，由低级到高级、由简单到复杂、由无序到有序的发展。这些都是运动变化，但并不都是发展。可见，同发展相比，运动、变化是涉及范围更广泛的概念。

长达一亿年左右的中生代，曾是恐龙横行的时代。长十余米、重达数吨的霸王龙，背部骨板如山的剑龙，身披装甲的甲龙，头顶利刃的角龙，曾是称王称霸、无敌于天下的庞然大物。而当时的哺乳类动物则是弱小的，身躯只有猫和老鼠那么大，但是，在气候剧烈变化的条件下，恐龙这样的变温动物难以抵御寒冷和酷暑，终被淘汰。而能保持身体恒温的哺乳类动物，则因能够适应复杂多变的环境而生存下来。

所谓新事物，是指合乎历史前进方向的、具有远大前途的东西。相反，旧事物则是历史发展过程中逐渐丧失其必然性的、日趋灭亡的东西。判断一个事物是新还是旧，关键要看其是否同历史发展的必然趋势相符合，这是区分二者的唯一标准。

在改革开放的今天，我们国家再次在全社会掀起“向雷锋同志学习”的热潮，这是社会进步的使然，是新事物。而已经衰老的星体、退化的物种、落后的生产工具、腐朽社会的社会制度、过时的管理体制，以及反映没落阶级利益的各种理论观点等，都是旧事物。有的人常常简单地以事物出现时间的先后来判断一个事物是新是旧，这是不科学的。因为尽管新事物都是后来出现的，但不能说凡是后出现的东西都是新事物。还有的人仅从事物的名称、旗号等表面形式上判断事物的新旧，而不从本质上、内容上去作深入具体的分析，常常被一些表面现象甚至假象所迷惑，难以得出正确的结论，往往上当受骗。如某些人搞的所谓的电子计算机“科学算命”，尽管打着“科学”的旗号，运用了电子计算机的“时髦”形式，但其本质是搞封建迷信。有些人生产假冒伪劣的产品，却用美观的包装欺世盗名。如果我们仅仅从表面形式上去判断新旧事物，就难免上当受骗。有的人以事物一时力量的强弱、发展速度的快慢、是否成熟和完善，来判断新旧事物，这也是不科学的。

从事物的最终发展来看，新事物要比旧事物的力量更强大，发展速度更快，更加完善和成熟。但是，任何新事物的成长都是一个由小到大、由弱到强、由不完善到比较完善的发展的过程。因此，在一定的时期内，新事物的力量比较弱小、发展速度较慢，或者存在这样那样的缺陷，也是必然的。比如，我国目前的生产力和科学技术水平与某些发达资本主义国家相比，还存在着一定的差距，新生的社会主义制度还不够完善，但这只是暂时的。作为符合社会发展趋势、有着远大发展前途的社会主义制度，一定会创造出比欧美等发达国家更高的劳动生产率和高度发达的生产力。因为，社会主义是富有生命力的新事物。

在改革开放过程中，我国出现了许多新事物、新理论。如建立经济特区，建立社会主义市场经济体制；国有企业经营方式的多样化；股份制、现代企业制度的形成；金融市场、人才市场、再就业市场的建立等。但由于符合经济发展的客观规律，它们能推动和促进生产力的发展，显示了其蓬勃的生命力。

总之，一切事物都处在永不停息的运动、变化和发展的过程中，整个世界就是一个无限变化和永恒发展着的物质世界，发展是新事物代替旧事物的过程。

相关链接

如何使不同大陆之间的人们使用电进行通讯，一直是个奢望。直到菲尔德，这位年轻的富商，毫不犹豫地将自己所有的财产及全部精力投入到铺设海底电缆这项事业中去。他先在英国认购了 35 万英镑的原始资本，改造了由英美两国政府提供的两艘战舰，分别装上足够铺设 2000 多海里的电缆，并于 1857 年 8 月 5 日，由爱尔兰瓦伦西亚的一个小海港起航，开始了具有历史意义的第一次铺设海底电缆的尝试。第六天晚上，300 多海里长的电缆，在海面上无影无踪地消失了，菲尔德很沮丧，但是他并没有放弃。第二年，他带着新的勇气和旧的电缆再次出发，然而天公不作美，第四天刮起了狂风，下起了暴雨，白白丢掉了 200 海里长的电缆，他的这次尝试再次宣告失败。第三次出航时，已没有人再注意他们这支船队了。然而，这次铺设海底电缆却成功了。1858 年 8 月 16 日，纽约人第一次收到英国女皇通过海底电缆发来的贺电时，欣喜若狂，他们把菲尔德视为英雄。但正当人们庆祝成功时，这根要命的海底电缆突然沉没了。转眼间，对菲尔德的赞美变成了咒骂，人们纷纷称菲尔德是骗子。海底电缆事业自此一搁浅就是 6 年。当人们开始遗忘这件事时，菲尔德却重整旗鼓，第 30 次远渡大西洋，出现在伦敦。他用 60 万英镑的新资本，购置新巨轮，开始了又一次新的电缆铺设。经历了再一次失败之后，他终于在 1866 年 7 月 13 日，使美洲到欧洲的海底电缆铺设成功。

议一议：海底电缆为什么能铺设成功？

（三）用发展的观点看问题

世界的万事万物是变化发展的，我们待人处世就不能用一成不变的眼光。人们要正确的认识事物、分析问题，必须用发展的观点观察和处理问题，应做到以下三点：

第一，要把事物如实地看成一个变化发展的过程。任何一个事物都有它的过去、现在和将来，事物的发展是一个过程。因此，我们认识事物，不但要了解它的过去，观察它的现状，还要预测它的未来。只有弄清楚事物的来龙去脉，追溯过去，立足现实，放眼未来，才能使我们的思想符合不断变化着的客观实际，适应形势的发展。我们研究任何问题，都不能隔断其发展的历史过程。如果以今天的成熟去否定昨天的幼稚，那是荒唐可笑的。我们都知道，今天是由昨天发展而来的，也必然向明天发展而去。

相关链接

春秋时，荆国人准备偷袭宋国，进军路线是打算渡过澭河抄近道走，以便趁宋国人在没有防备的情况下一举获胜。荆国经过周密谋划，先派人到澭河边测量好水的深浅，并在水浅的地方设置了标记，以便偷袭宋国的大部队能沿着标记顺利渡河。不料，澭河水突然大涨，而荆国人并不知道这个情况。部队在经过澭河的时候依然照着原来作的标记渡河。结果，士兵、马匹大批地进入深水、漩涡，荆人措手不及。他们被湍急的澭河搅得人仰马翻、惊骇不已。就这样，荆国军队被淹死1000多人，侥幸没死的也无法前进，只好无功而返。先前，荆国人在设置标记的时候，当然是正确的。如果河水不涨，他们是可以依照标记渡河的。可是后来，情况变了，由于河水暴涨，水位升高了许多，而荆国人在不了解变化的情况下仍按原来的路线渡河，当然只能惨败。

第二，要弄清事物在其发展过程中所处的阶段和地位。事物有其产生、发展和灭亡的过程，事物在每个阶段所处的地位、作用和状况也是不同的。所以，要着眼于事物发展的全过程，把握现阶段事物所处的地位，处理好事物的稳定性与变动性的关系。要学会通观事物的过去、现在和未来，学会照应事物发展过程的各个阶段。要立足今天，面向未来，提出新问题，明确新任务。

第三，要有创新精神，促进新事物的成长。整个世界的发展，就是新事物不断战胜旧事物的过程。因此，我们看待事物、分析和解决问题就要有创新精神，特别是要有创造性思维，站在上升、前进、发展的立场上，去促进旧事物的灭亡、新事物的成长和壮大，实现事物的发展。

对于我们学生来说，培养创新精神表现在各个方面。在学习上，既要学好各门功课，打好基础，又要注意涉猎新的知识；既要认真学习和采纳前人已有的学习方法，又要结合自己的实际，总结出适合自己特点的学习方法。以后参加工作，还要不断学习新的知识，研究教育对象的特点，并进行相应的教学改革，勇于创新。将来作为教师，还要爱护和培养学生的好奇心、求知欲，帮助他们自主学习、独立思考，保护他们的探索精神和创新思维，为学生禀赋和潜能的充分开发创造宽松的环境。

二、事物的发展呈现量变和质变两种状态

世界上的万事万物都是运动变化的，而事物的运动、变化和发展又是通过量变和质变表现出来的。

（一）量变和质变是事物变化的两种状态

量变是指事物量的变化，即数量的增减或场所的变更。量变表现为微小的、不显著的变化。量变不改变事物的性质，表现为相对稳定、相对静止的状态。我们日常见到的统一、相持、平衡、静止等，都是事物在量变过程中呈现的情形。

质变是指事物性质的变化，是由一种质态向另一种质态的转变。它表现为显著的、根本性的变化，是事物连续和渐进的中断。统一物的分解、相持、平衡、静止等的突破，就是事物在质变过程中呈现的情形。

（二）量变与质变的辩证关系

事物的变化发展都是量变和质变的统一。任何事物的变化发展都是通过量变和质变两种状态实现的。量变和质变是辩证统一的关系，二者既相互联系、相互转化，又相互渗透。

第一，量变是质变的必要准备，质变是量变的必然结果。量变是质变的必要准备，是说任何事物的质变都不是偶然的，更不是凭空出现的，而是以量变为基础，没有量的必要积累，就不可能发生质变。荀子说："不积跬步，无以至千里；不积小流，无以成江海。"这就是说，没有一个个"跬步"的积累，就达不到"千里"的目的地；没有一点一滴的"小流"的汇聚，就不能形成浩瀚的"江海"。"跬步"、"小流"的积累虽然是很小的、不显著的变化，但经过一个一个"跬步"的积累，一点一滴"小流"的汇聚，就会实现"千里"、"江海"的显著的、根本性的变化。

相关链接

某人外出游玩，感到饥饿时就到一家饭铺吃饼，吃了一个不饱，吃了两个不饱，接二连三地吃了六个仍不饱，于是开始吃第七个。当第七个饼吃到一半时，他感到肚子饱了。这时，他懊悔起来，狠狠地责骂自己："早知吃这个饼能饱，我应该先吃它呀，我白白糟蹋了头六个饼，我真是一个蠢货呀。"

议一议：请你用量变是质变的必要准备的观点，分析这个故事，我们可以悟出什么道理？

事物由量变引起质变，一般表现为以下两种情况。

一是由单纯数量的增加或减少而引起的质的变化。这种情况是在自然界、人类社会和思维中普遍存在的。有的表现为数目的增减引起质变，有的表现为程度、水平的升降引起质变，有的表现为规模大小的伸缩引起质变，有的表现为运动速度的快慢引起飞跃，等等。黑格尔在《小逻辑》中举过一个例子，说有位农夫看见他的驴驮着东西愉快地行走而感到不满足时，就一两一两地加重驴的负担，到了后来，这头驴终于由于不堪重负而倒下了。虽然这位农夫每次给驴加一两不算什么，然而他却忘记了，这种看起来微不足道的量的积累达到一定程度，也会引起质变。

二是构成事物的成分在排列组合上的变化而引起质变。这种情况在自然界、人类社会和思维领域中也是普遍存在的。

战国时期齐威王与大臣田忌赛马。两人各出上、中、下三匹马，首赛结果，田忌三战三败。军事家孙膑看到田忌的马跑得比齐威王的马只慢一点儿，便给田忌出了一个主意：以下马对齐威王的上马，以上马对齐威王的中马，以中马对齐威王的下马。再赛的结果，一败二胜，田忌赢了。同样的马匹，由于排列组合的方式不同，使比赛转败为胜。任何乐曲都是由 1、2、3、4、5、6、7 这七个音符构成的，作曲家对它们进行了不同的排列，就产生了各种各样的曲子，有的雄伟，有的低沉，有的细腻，有的诙谐，有的能唤起人们的斗志，有的则让人萎靡不振、昏昏欲睡。

质变是量变的必然结果，这是说事物的量变达到一定程度时，必然会引起质变。事物的发展最终是通过质变实现的，没有质变，就没有发展。只有质变，才能打破旧质对量变的束缚，而完成量变，才能改变事物的根本性质，使旧事物转化为新事物。所以，单纯的量变不会永远地持续下去，量变达到一定程度必然会引起质变。“跬步”不停积累，必然发生“千里”的质变；小流不断地汇集，必然发生江海的质变；一元一元地积攒下去，必然成为万元户；错误不停地犯下去，必然导致违法犯罪。

相关链接

“二王”苦练书法

王羲之是我国东晋时期的一位大书法家。他的书法作品《兰亭序》被后人誉为天下“第一行书”，他也被尊以“书圣”的美名。他的成就与他的勤学苦练是分不开的。据传他为了写好“一点”苦练了 3 年。若干年后，他最小的儿子王献之随其练字，没几年，书法居然小有成就。王献之年小志大，一心想赶上父亲的名望，便有点心浮气躁。一天，他趁父亲表扬他的机会，向父亲讨求练字的秘诀，王羲之听了微微一笑，把献之领到庭院中，指着院中 18 口大水缸说：“练字的秘诀就在这 18 口缸的水里，从明天起，你就用这缸里的水磨墨，当你把 18 缸水写完时，自然就知道秘诀在哪里了。”王献之非常聪明，知道父亲话里的深刻含意，就毫不贪懒、夜以继日的舀水研墨，越发苦练起来。功夫不负有心人，王献之的书法有了很大提高，并最终创造出结构微妙、字体秀丽的“今草”，也成为一代大家，直到后来的成就竟与父亲齐名，在书法史上并称“二王”。

议一议：王羲之父子为什么都能成为书法大家？

第二，质变引起新的量变，为新的量变开辟道路。质变是前一阶段量变的结束，又是新阶段量变的开始。在新质的基础上，新事物又开始了新的量变，质变又转化为量变。事物的量变和质变之间的相互转化，其原因在于事物内部的矛盾性。如果事物内部的矛盾双方在斗争中力量的增减还没有引起依存关系的破裂，事物的性质就不会发生根本的变化，事物仍处于量变状态；如果事物内部的矛盾双方在力量上的变化达到一定程度时，必然引起矛盾双方地位的变化，从而使依存关系破裂，事物的性质就会发生根本的变化。正是由于事物内部的矛盾运动，推动了事物的量变和质变的相互转化，促使事物向前发展。

相关链接

成功的加速器

齐瓦勃出生在美国乡村，基本没怎么接受过学校教育。在他 15 岁那年，他就到一个山村做了马夫。然而，雄心勃勃的齐瓦勃无时无刻不在寻找着新的机遇。3 年后，齐瓦勃来到钢铁大王卡内基创办的企业下属的一个建筑工地做建筑工人。这在当时看来是最不入流的工作，但他没有灰心，决心要做同事中最优秀的工人 。当其他工人在抱怨工作辛苦、薪水太低时，齐瓦勃只是默默地拿起书本自学起建筑行业的知识来。一天傍晚，公司的一个经理来到工地看望工人，同事们都在休息娱乐，唯独齐瓦勃呆在另一个角落里看书。

经理看了看齐瓦勃手中的书，又翻了翻他所做的笔迹，什么都没说就走了。第二天，经理把齐瓦勃叫到办公室，问他："你为什么要学那些别人都不愿意学的东西？"齐瓦勃回答："我认为我们公司并不缺少泥水匠，缺少的是更为专业的技术人员或管理人员。经理，是这样吗？"经理点了点头，不由得仔细打量起眼前这个雄心勃勃的年轻人。不久，齐瓦勃因工作中的良好表现被升为技师。齐瓦勃太努力了，别人不愿意做的，他都默默地接下来做。下班后他也总是最后一个离开。有人挖苦他像一只永不停息的驴那样为老板干活，他回答道："我不光是为老板打工，更不单纯为了赚钱，我是在为自己的梦想打工！我既不聪明，也没有一个有钱的父亲，我所拥有的只是这双勤奋的手，所以我宁愿当一头驴。"就这样，靠勤奋和努力，齐瓦勃一步步地升到了总工程师的职位上。25岁那年，齐瓦勃又做了这家钢铁公司的总经理，承担起建设布拉德钢厂的重任。凭着非凡的勤奋，齐瓦勃在两年后成了这家工厂的厂长，并逐渐成为卡内基钢铁公司的核心人物。几年后，他被卡内基任命为钢铁公司的董事长。后来，齐瓦勃终于建立了自己的伯利恒钢铁公司，他完成了从一个打工者到创业者的飞跃。

议一议：用量变和质变的关系原理，说说这个故事给我们的启示？

第三，量变和质变相互渗透。事物在其整体性质发生根本变化之前，处于总的量变过程中，量变过程中渗透着部分质变。总的量变过程中的部分质变包括两种基本形式，即阶段性部分质变和局部性部分质变。

事物的根本性质未变而比较次要的性质发生了变化，使事物的发展呈现出阶段性，这种阶段性的变化，称为阶段性的部分质变。人从生到死是一个总的量变过程，但随着年龄的增长，人体的器官和生理机能发生了阶段性的部分质变，因此，出现了童年、少年、青年、中年、老年等不同阶段。期间每一阶段性的变化，都是阶段性的部分质变。只有人死了，才是根本性的质变。

事物全局的性质未变而其中个别部分发生了性质的变化，这种个别部分的变化，称为局部性的部分质变。一个早期癌症患者，从他的身体全局来看并没有发生质变，他还活着。但是局部组织发生了癌变，这是局部性的部分质变。

在事物的质变过程中，也渗透着量变，表现为量的扩张。事物质变的实现是以新质在量上的扩张为条件的。当事物的质变开始时，新的质不是同时一下子占领全局的，而是首先在旧质的范围内突破一点或几点，然后新质在数量上迅速扩张，直到取代旧质、占领全局而完成质变的过程。水的沸腾，是水由液态变为气态的质变过程，而在这个过程中，水分子一个个挣脱引力而逃逸，直到完成全局性的质变。

一次量变到质变的过程，并不等于事物发展变化的终结，新的事物又开始了新的量变，量变到一定程度时，又会引起新的质变。事物就是不断地经过“量变——质变——新的量变——新的质变”这样两种状态的循环往复，由低级到高级，由简单到复杂，永不停息地向前发展。

相关链接

让毫无意义的事产生价值

小王一直做着我们看来毫无意义的事，他给国内一家知名刊物当公益质检员，每月自费买杂志，认真地填好质检表，通过电子邮箱发过去。他做了一年，一分钱没拿到，杂志社仅发给他一个“优秀质检员”荣誉证书。周六上午我们都在睡懒觉，他却去选修跟专业不沾边的工商管理，我们都笑他不务正业；下午我们都窝在寝室里打游戏，他却跑去参加日语补习。他和我们一样，上课很少听讲，用手机看从网上下载的电子书，玄幻的，异能的，都市的，各种各样的他都看。我们看只是为了打发课堂上无聊的时间而已，看过就忘了。但他不一样，他说他也能写这样的小说。结果，他还真的写了起来，每天看到他的时候，他都在对着 WORD 文档发呆，偶尔对着键盘敲很长时间的字。不出我们所有人意料，他没有成功。他写了 50 万字，依然是一个“扑街”写手。虽然他“侥幸”和几个较有名气的小说网站签约了，但挣到的钱还不够交网费。我们都嘲笑他，讥讽他，他却依然坚持着。毕业时，他和我们一样只有本科学历。他对学习本来就没什么兴趣，所以更不会去考研。他提着行李去了广州，和我们一样为了工作而四处奔走。就在我们求职四处碰壁时，他很快被一家杂志社录取了，因为他有国内知名刊物的“优秀质检员”证书，所以在 100 多名应聘者中脱颖而出。当我们终于找到一份可以勉强维持生计的工作时，他已经升到了杂志社的管理层，因为他有双学位，学的是工商管理。接着，杂志社有了做网站的计划，并把方向定在了当时最吃香的网络文学上。他顺理成章地成了网站负责人，因为他写过将近 100 万字的网络小说，他和国内几乎所有有名的小说网站都签过约，他熟悉这些网站的盈利模式，虽然没有从中赚过钱。后来，杂志社的网站越做越火越做越大，网站决定将进军海外的第一站锁定为日本。他当仁不让地成了网站海外办事处的头儿，因为杂志社里只有他一个人懂日语。那些在我们看来毫无意义的事，他却使之产生价值，这些价值成了他成功路上的铺路石。

议一议：和小王的同学们相比，他为什么能先走向成功？

（三）学会运用量变引起质变的观点看问题

学习了事物的质量互变规律，我们应该学会运用量变引起质变的观点看问题，要在以下两方面多下功夫。

一是要重视量的积累和变化。任何事物的发展都是从量变开始的，只有量变达到一定程度，才能引起事物性质的变化。因此，无论是国家进行社会主义现代化建设，还是个人的工作、学习和成长进步，都要重视量的一点一滴的积累，为事物向好的方向变化而做好长期的准备工作。

相关链接

天下第“一”

明朝万历年间，皇帝决定整修万里长城。当时号称天下第一关的山海关，因年久失修，题字“天下第一关”中的“一”字已经脱落下来。整修工程的主事官员招集各地书法名家，希望某个书法家的丹青妙笔能把那个脱离的“一”字补起来。但当时各个书法家写出来的“一”字都没能让皇帝满意，不是写的不好，而是不符合原来字样的风味。于是，皇帝再下诏书，谁能写好“一”字，谁就能够获得足够让人羡慕的奖赏。经过严格的筛选，最后中选的竟是山海关旁一家客栈的店小二。在题字当天，会场被挤得水泄不通，官家也早就备妥了笔墨纸砚，等候店小二前来挥毫。只见店小二大踏步走上台前，舍弃狼豪大笔不用，拿起一块抹布往砚台里一蘸，大喝一声“一”，右手一抹，干净利落，立刻出现了绝妙的“一”字。旁观者莫不给予惊叹的掌声。有人好奇地问他，为何能从成百上千的书法名家中脱颖而出？他结结巴巴说了半天，别人才明白他根本不识字。那他又是怎么把这个“一”字写好的呢？众人问他是怎么回事，他回答：“我在这里当了30多年的店小二，每当我擦桌子时，我恰好能看到牌楼上的一字，边看边擦慢慢就会写了。”30年下来，自然深得其中的精髓，这就是他能够把这个“一”字临摹到炉火纯青的原因。

议一议：店小二虽不识字，为什么能将“一”字临摹到炉火纯青？

“千里之行，始于足下”，任何辉煌的业绩，都是一点一滴做出来的。古今中外成大事者，都是懂得珍惜现在、注意从点滴做起的人。青年人要树立早日成才、报效祖国的雄心壮志，应该从点滴做起，从现在做起，持之以恒，不断努力。

我国明代医药学家李时珍，为了对药物进行研究，经常上山采药，向农民、渔民、樵夫、药农、医生请教，并参考历代有关书籍800种，对药物加以鉴别考证，纠正了古代本草书籍中药名、品种、产地等的某些错误，收集整理了宋、元至明期间民间发现的药方，充实内容，经过27年的努力，终于写成《本草纲目》巨著。在《本草纲目》中，他收录了原有诸家《本草》所载药物1518种，新增药物374种；附民间药方11096个，药图1109幅。《本草纲目》内容极为丰富，系统总结了我国16世纪以前药物学的知识与经验，对药物学的发展作出了巨大贡献，成为祖国医药学的一份宝贵遗产。李时珍这部52卷的辉煌巨著，就是由一种种药物介绍、一个个药方逐步积累而形成的。

徐特立赴法勤工俭学时，有人问他：“你年纪大，用体力做一点适当的工作，倒还容易；要用脑力去学法文，是不是要比较难一点呢？”他说：“不一定，事情要慢慢来。我今年43岁，一天学一个字，一年可以学365个字，7年可以学2500多个字，到了50岁，不就是一个通晓法文的人了吗？假如一天学两个字，到了46岁半，就可以学通一国文字。”后来，经过四五年的时间，徐特立终于能读法文的科技书籍了。从徐老学法文的例子可以看出，重视知识的量的积累，是学习的重要一环。只要脚踏实地、一点一滴地积累知识，就一定能取得显著成绩。

事物向坏的方向发生质变，也有其量变的根源。对此，我们要从遏制量的积累入手，防止质变发生。一切坏品质、坏作风也都是由小到大，一点点积累、演变而成的。古语说得好：“一趾之疾，丧七尺之躯；蝼蚁之穴，溃千里之堤。”一个人堕落变坏，往往是从唱一首坏歌、读一本坏书、贪小便宜、小偷小摸等“小事”上打开缺口，以致一步步走向违法犯罪的。因此，我们决不能对小错误、小缺点抱无所谓的态度，必须防微杜渐，把坏思想、坏习气、坏作风消灭在萌芽状态。我国古代有句名言：“勿以恶小而为之，勿以善小而不为。”就是说，坏事虽小，也不能因为它小就去做，干多了就会变成大坏事；好事虽小，也不要因为它小就不去做，再大的好事也是从点滴开始的。因此，凡是有益于社会、有益于个人德智体美全面发展的善的思想和行为，我们都要主动实践，并持之以恒；凡是对社会、对他人、对自己的健康成长有害的恶的思想和行为，我们都要坚决抵制，防微杜渐。

相关链接

1849 次拒绝

在美国，有一位穷困潦倒的年轻人，当他身上所有的钱加起来都不够买一件像样的西服时，他还在一心一意地追求着心中的梦想：做一名优秀的演员，拍上一部由自己主演的电影。于是，他放下一切，来到了电影王国好莱坞闯荡。当时，好莱坞大概有上千家电影公司。他逐一数过，并拟出了一个500家电影公司的拜访名单。接着，他根据自己精心拟定好的名单，带着为自己量身定做的剧本前去一一拜访。但第一遍下来，他得到的答案除了拒绝还是拒绝，500家电影公司没有一家看上他的剧本。面对打击，这位年轻人似乎有一颗钢铁般的心。当他从最后一家被拒绝的电影公司里出来后，他又继续从第一家开始他的第二轮拜访。第二轮的拜访并没有给他带来任何好运，所有的电影公司依然拒绝了他。于是，第三轮拜访又开始了，面对年轻人不折不饶的态度，上帝好像要和他玩游戏，看谁能坚持下来。拒绝，拜访；再拒绝，再拜访……年轻人依然是颗粒无收。这位年轻人咬牙开始了他的第四轮拜访，当拜访完第349家后，第350家电影公司的老板破天荒地答应看看他的剧本。几天后，年轻人收到通知，请他前去详谈。就在这次商谈中，这家公司决定投资这部电影，并请这位年轻人担任男主角。这部电影叫《洛奇》，这位年轻人的名字叫席维斯·史泰龙。经历了1849次失败的史泰龙终于获得了成功！

议一议：从这个小故事，我们能得出什么启示？

二是要不失时机地促成飞跃。事物的发展最终是通过质变实现的。没有质变就没有发展。因此，当量变发展到一定程度，只有改变事物原有的性质才能使事物向前发展时，我们就要果断地、不失时机地突破其范围和限度，积极促成质变，实现事物的飞跃和发展。否则，就会贻误事物向有利的方向发展的最佳时机。

情景案例

幼师生都渴望在人生道路上创造成绩，获得学业上的成功。小谢就是这样一位上进的女生，在刚进入幼师学校的时候，她观看了上一届学姐的毕业汇演，看见学姐们展现着她们的风采，优美的舞蹈、动听的琴声、那富有吸引力的主持，让一直内向胆小的小谢有了很深的触动。从那以后，小谢每天一大早就起来，在练功房、琴房、操场都能看到她的身影。日复一日，年复一年。小谢的不懈努力终于有了回报，在一次考试中小谢取得了全班第一名，这让老师和同学们对她刮目相看，也让小谢的信心大增。从此，小谢更加努力学习，成绩一直优异，在毕业前的一次几家市直幼儿园的联合招聘中拔得头筹，进入了一所理想的公办幼儿园。去幼儿园以后，她利用自身优势不断学习，继续高标准严格要求自己，受到了园领导的重视和有意识的培养，现在已成为该园的保教干事，是园长的得力助手。

议一议：小谢进校时是一位普通幼师女生，为什么若干年后却能成为园长的得力助手？从这个事例中，我们可以得到什么启示？

事物的发展都是从量变到质变，又从质变到新的量变的无限循环上升的过程，因此，在长期的奋斗过程中，我们要重视每一阶段的量变到质变，又从质变到新的量变的过程，不断推动事物向前发展。

三、事物发展的趋势是前进性和曲折性的统一

世界上的一切事物都是变化发展的，但这种变化发展不是一帆风顺的，它是前进性与曲折性的统一。我们要正确理解前进性与曲折性的辩证关系，不沉浸于一时一事的得失成败，以宽阔的胸怀和远见卓识看待发展中的前进与曲折，在前进中保持清醒的头脑，准备走曲折的路；在遇到曲折时，坚定前进方向不动摇。

（一）事物发展的总趋势是前进的

前进性是事物发展的总趋势，新生事物是不可战胜的。因为新事物代替旧事物不是对旧事物的全盘抛弃，而是“扬弃”，是既克服又保留。新事物是在旧事物的基础上产生的，它克服了旧事物中消极、过时和腐朽的因素，保留了其中积极的、合理的因素，并增加了旧事物所不能容纳的新内容，具有旧事物不可比拟的优越性，因此，新事物必然代替旧事物。在社会领域里，还因为新事物从根本上符合绝大多数人民群众的利益，因而必然会得到广大人民群众的拥护和支持。

（二）事物发展的道路是曲折的

事物的发展道路不是笔直的，而是波浪式前进、螺旋式上升的，总要经过艰难曲折的过程。这是因为：第一，事物发展的过程总是在量变和质变、相对静止和显著变动的相互交替中进行的。新事物的完善有一个过程，要经历一定时期的质的巩固和量的积累的阶段，还要在新的基础上引起新的飞跃。因此，事物的发展就呈现出曲折前进的状态。第二，在社会生活中，人们对新事物的认识、理解和接受，需要一个过程。由于受旧的思想、观念、习惯的束缚和阶级地位的制约，在一定时期和一定程度上，人们会对新生事物采取怀疑、否定甚至抵制的态度，从而使新生事物的发展不可能一帆风顺。

相关链接

三文鱼的生命历程

三文鱼从出生到沿河流溯流而上繁衍后代，四年一个循环，生生不息。三文鱼的一生令人惊叹！三文鱼的生命历程从鱼卵开始，虽然它们的母亲设法将它们藏在卵石下，但大量的鱼卵还是会被其他鱼类和鸟类吃掉。幸存下来的鱼卵度过冬天之后长成幼鱼，春天来临时，它们便要服从命运的安排顺流而下，进入某个足以容身的大湖中。它们在湖中度过了大约一年的时光，然后继续前行，直到最终投入大海的怀抱。在成长过程中，尽管它们东躲西藏，但大多数幼鱼依然逃不过被捕食的命运。进入湖中的三文鱼每 4 条就有 3 条被吃掉，只有 1/4 有机会进入大海。但危险并没有停止，在大海里，它们一边努力地长大，一边要面对海洋里掠食者的进攻，同时还要逃避捕鱼船的追捕。四年里，它们经历了无数艰险，才长成约 3 公斤的成年三文鱼。成熟之后，命运的召唤使它们不得不开始回家的旅程。10 月初，所有成年的三文鱼开始浩浩荡荡地游向它们的出生地。进入河口后，他们就不再进食，时间紧迫，容不得一刻逗留。回家旅程会消耗它们所有的能量，因为它们要不断从水面上跃起以闯过一个个急流险滩。在这个不断溯流而上的过程中，很多三文鱼成了其他动物的美食，又有很多三文鱼在到达目的地之前力竭而亡。最初一条雌鱼产下的 4000 个鱼卵中，只有两个能回到产卵地。这些最后的幸存者在到达产卵地后，没有半点时间休息，在产卵受精完毕后，三文鱼精疲力竭而死去，结束了这一生的艰辛之旅。冬天来临，洁白的雪覆盖一切，整个世界变得一片静谧，在冰冷的河水中，新的生命又开始孕育。

议一议：为什么说三文鱼的一生是不平凡的一生？

（三）正确认识人生的顺境和逆境

人生的发展同样是前进性与曲折性的统一。人的发展不是直线上升的，而是一个循序渐进、曲折发展的过程。人只有经历成功、失败的反复才能成熟，才能走向成功。生活是复杂多变的，有很多偶然因素，人的发展总是受到主客观的各种因素的制约，难免遇到挫折和逆境。在人生发展的征途中我们要做好走曲折道路的思想准备，不畏惧曲折，在曲折中实现发展。人生之路就是在曲折中向前发展的过程。

名言

天将降大任于斯人也，必先苦其心志，劳其筋骨，饿其体肤，空乏其身，行拂乱其所为，所以动心忍性，增益其所不能。

——孟子

在人生发展的过程中，不可避免会有顺境和逆境两种不同境遇。顺境和逆境都是对人生的考验。顺境为人生发展提供机遇和有利条件。在顺境的条件下，人的发展目标和需求可以顺利实现，有利于人主动创造机会，借势而上，不断取得成功。人在不断体验成功的基础上，可以激发出更大的发展动力，从而形成人生发展的良性循环。但顺境也容易使人沉浸于安逸，养成惰性和娇、骄之气，缺乏危机感和奋斗的欲望与冲动，而这些恰恰是导致人生失败的因素。长期处于顺境里的人，就像温室里的花朵，经不起风吹雨打，当逆境来临时，往往表现得脆弱，在未来长期的人生发展中容易失败。因此在顺境面前，要居安思危，有忧患意识，善于抓住机会，创造机会，促进自身发展。逆境可以磨炼人的意志。逆境是对人生的巨大考验。坚毅执着、勇敢顽强的意志品质是强者的人格修养和素质。只有顽强的意志和勇气，才能承受压力和磨难，不被挫折和逆境压垮，最终走向成功。人的意志品质不是天生的，而是人们在价值目标的指引下，在克服困难的实践中不断磨炼而成的。经历逆境的考验和磨炼，可以使人养成勇于战胜困难的意志品质。这样，才会拥有成功的人生。

相关链接

超越自我

洪战辉，这个2005年感动中国的年轻人，不知震撼了多少人的心灵！在他11岁那年，父亲由于精神病发作离家出走。几个月后，他父亲带回了一个被遗弃的女婴。这个“小不点”的到来给这个本已穷困的家庭又增添了新的负担。邻居都建议把“小不点”丢出去，可洪战辉不同意。看到“小不点”那依恋“哥哥”的可爱表情，他毅然决定留下这个可爱的“妹妹”。留下妹妹以后，父亲依然病魔缠身，母亲又因为不堪忍受家境的艰难而弃家出走。从此，照顾父亲和妹妹的重担落在了洪战辉那稚嫩的肩膀上。在家乡上初中的时候，他怕患病的父亲伤害妹妹，就把她交给自己的大娘照看，等他放学回到家里，再忙着准备全家人的饭。1997 年，洪战辉考上了省重点高中。由于学校离家太远，所以洪战辉决定带着 3 岁的妹妹上高中。他又开始像上初中一样，每天奔波于学校与住处之间。他像小商贩一样在校园里推销商品。他说：“没办法，我要读书，我要养家，就必须想办法挣钱！”从此，洪战辉在校园里利用课余时间卖起了圆珠笔芯、教辅资料、英语磁带，因为他要用这些微薄的收入维持他和妹妹的生活。有一次，老师毫不留情地将他赶出教室：“你是来读书的还是来当小贩的？你家庭再困难，这些赚钱的事情也该由你的父母去做，你现在的任务就是好好学习！”洪战辉没有辩解，他强忍住泪水，收拾东西就走。这是他最艰难的时期。每天打工挣钱成了他繁重学业之外最大的任务。这期间，洪战辉曾因父亲犯病一度辍学，但他还是坚持下来了。他打过工、做过小买卖，吃尽了苦头。尽管他在小小的年纪里就历经艰辛，受尽磨难，但他没有向别人乞求过，更没有怨天尤人。2003 年，洪战辉考上了湖南怀化学院。“带着妹妹上大学”这个特殊请求感动了学校，学校破例同意了他的请求，并给他单独安排了一间宿舍。广大师生都自发为他捐款，但被他婉言谢绝了。一个记者在他家采访时，在墙壁上看到 4 个字：“超越自我”。

议一议：从洪战辉的故事中，我们能得到什么启示？

顺境和逆境是辩证的统一。在人生发展中，顺境和逆境经常是互相贯通、互相转化的。如果我们在顺境中安逸懈怠、骄奢放纵，顺境就会变成逆境；而在逆境中奋斗崛起，逆境可以变为顺境。人要有宽广的胸怀，能容纳下生活中的悲喜宠辱，得意不张狂，失意不自贱，做到宠辱不惊。顺境时要有忧患意识，逆境时要不懈奋斗，不做命运的奴隶。

思考与训练

一、选择题

1. 近朱者赤，近墨者黑；近朱者未必赤，近墨者未必黑。这句话说明（　　）

A. 事物是相互联系的　　B. 任何联系都是本质的联系

C. 因果关系是一种联系　　D. 因果联系具有一因多果的复杂性

2. 我们总结经验，以利再战，反映出（　　）

A. 人具有主观能动性

B. 有果必有其因，有因必会有其果

C. 把握事物的因果关系有重要意义

D. 把握因果联系一定能够心想事成

3. 要使整体的功能大于各部分之和，必须（　　）

A. 使各个部分强大

B. 要从总体上着眼

C. 部分以合理、优化的结构发挥各自的功能

D. 使部分和整体相互联系，谁也离不开对方

4. 唯物辩证法的两大特征是（　　）

A. 运动的观点和矛盾的观点　　B. 否认的观点和质量的观点

C. 联系的观点和发展的观点　　D. 实践的观点和群众的观点

二、分析题（下列说法体现了什么哲理?）

1. 一份耕耘，一份收获。

2. 一发不可牵，牵之动全身。

3. 领导的工作方法要像弹钢琴。

4. 人生没有过不去的坎。

三、辨析题

1. 变化就是发展。

2. 做事都要讲条件。

四、论述题

美国黑人作家格亚·安吉罗小时候因家境贫困，父母外出寻找工作，3岁时被送到祖母家，后靠乞讨度日。她自幼好学，梦想成为作家。她参加国内反种族斗争，亲眼看到太平洋战争爆发后美国西部的生活情形，她当过汽车售票员，到夜总会唱过歌，远足非洲，加入哈莱姆作家社团，先后写作的自传体小说和一系列诗作在美国成为畅销书。她被邀请担任威克·福利斯特大学终生教授，克林顿总统就职典礼时请她朗读诗作，她主持过美国儿童节目“芝麻街”，成为年轻人敬重、羡慕和效仿的偶像。她曾经说过，谁都有失败的时候，但他必须有不可战胜的勇气。

想一想：我们应该如何面对人生道路上的挫折？

第四章

学会运用矛盾的分析方法

——把握人生的关键点

本章导学

矛盾就是对立、统一，它的基本属性是同一性和斗争性。外因是变化的条件，内因是变化的根据，外因通过内因而起作用。矛盾的普遍性是共性，是无条件的、绝对的。矛盾的特殊性是个性，是有条件的、相对的。坚持矛盾分析的方法，就要学会抓主要矛盾，把握矛盾的两个方面，同时，还要坚持两点论，突出重点论。坚持具体问题具体分析，是矛盾和矛盾特殊性原理的方法论要求。坚持唯物辩证法，反对形而上学。

矛盾是我们生活中时时处处可以看到的现象。自古以来，就有许多哲学家观察到矛盾现象。如春秋时期的老子说：“有无相生，难易相成，长短相形，高下相倾，音声相和，前后相随。”各种事物都是相辅相成的。古希腊哲学家赫拉克利特指出：“宇宙中各个部分都可以分成相互对立的两半，地分为高山和平原，水分为淡水和咸水……气候分为冬和夏、春和秋。互相排斥的东西结合在一起，不同的音调造成最美的和谐。”黑格尔则第一次明确地指出：“既对立而又统一，这就是矛盾。”那么，矛盾有哪些基本属性？矛盾的对立面之间存在着一种什么样的关系？矛盾的普遍性和特殊性有着怎样的联系？不同的矛盾发生时，采取何种适当的方式解决？要回答这些问题我们就要认真学习马克思主义辩证法中的矛盾观点，正确认识事物的发展过程。我们要正确面对人生中的各种矛盾，既要抓重点，又要全面兼顾，要具体问题具体分析，找到正确的应对方法，从而帮助我们更好地成长！

第一节　矛盾是事物发展的源泉和动力

一、矛盾和矛盾的基本属性

我们生活的世界充满着矛盾，矛盾是普遍存在的。矛盾存在于一切事物之中，并贯穿于一切事物发展过程的始终。

（一）矛盾就是对立统一

所谓矛盾，指的是事物内部包含的既相互排斥又相互依存，既对立又统一的关系。简言之，矛盾就是对立统一。

相关链接

汉语中的“矛盾”一词，来自《韩非子》的一个寓言。寓言说，有个楚国人在街上叫卖矛和盾。他先拿着盾说：“物莫能陷也。”意思是说，我的盾十分坚固，没有什么东西能够穿透它。然后他又拿着矛说：“吾矛之利，于物无不陷也。”意思是说，我的矛十分锋利，没有什么东西是不能穿透的。旁边的人问：“以子之矛，陷子之盾，何如？”即用先生的矛去攻先生的盾，又会怎样呢？这个楚国人无言以对。这个故事指出了楚国人思维中的逻辑矛盾，即他用自己的矛否定了自己的盾，又用自己的盾否定了自己的矛。于是，后人就将生活中随处可见的对立的现象称之为“矛盾”。而哲学又将“矛盾”一词上升到辩证法的范畴。

《韩非子》寓言中所说的矛盾只是存在于思维中的自相矛盾。这种逻辑矛盾是指人们在思考问题时违反了形式逻辑的规则，作出自相矛盾的判断。因为在同一条件下，对同一关系，只能作出一个判断。如果作出两个相悖的判断，必然一真一假，不会是同真。辩证矛盾是客观事物自身所固有的，它的两个方面都是真的。科学研究，就是要排除逻辑矛盾，研究辩证矛盾。

我们在生活中时时处处都可以看到矛盾的现象。如从空间和时间上，可分为前后、左右、上下、远近、高低、长短、宽窄、先后、昼夜、四季等。从物质分类上，可分为有机物与无机物、生物与非生物、动物与植物、高等动物与低等动物、人类与其他动物等。人类具有自然性和社会性。从自然性上，可分为男女、老幼、体弱与体强、长辈与晚辈等；从社会性上，可分为上级与下级、领导与群众、老师与学生、师傅与徒弟、奴隶与奴隶主、农民与地主、无产阶级与资产阶级等。从物质属性上，可以分为冷热、软硬、黑白、明暗、阴晴、圆缺、香臭、苦甜、咸淡等。认识上具有正确与错误、真理与谬误、科学与愚昧、超前与滞后、模糊与精确、深刻与肤浅、感性与理性、理性与非理性、分析与综合、归纳与演绎、抽象与具体、历史与逻辑等。价值判断上，存在着好坏、善恶、美丑、利害、祸福、难易、有意义与无意义等。社会发展中存在进步与落后、文明与愚昧、先进与腐朽、前进与倒退、革命与反动、剥削与被剥削、压迫与被压迫、统治与被统治，等等。

名言

相反的东西结合在一起，不同的音调造成最美的和谐。

——赫拉克利特

相关链接

随着网络技术的发展，互联网不可阻挡地走进了人们的生活。对此，人们有不同的看法。有些人认为，在网上发邮件、查询资料、下载软件、购物等，大大拓展了人们的视野，丰富了人们的生活方式和工作方式。有些人则认为，网上出现的一些虚假信息、黄色内容，对人们的精神世界带来了消极影响。更为严重的是，有的同学整天沉迷于网吧，严重影响了学业和身心健康。

议一议：如何用矛盾的观点看待类似网络这样具有两面性的事物？

（二）矛盾的基本属性

我们生活的这个世界充满了矛盾，一切事物都是由矛盾的两个方面构成的。唯物辩证法认为，矛盾着的两个方面既具有同一性，又具有斗争性。同一性和斗争性是矛盾的两种基本的属性。

矛盾的同一性（也称统一性），是指矛盾双方相互联系、相互吸引的性质。它包含两种情形。

第一，矛盾双方依据一定的条件相互依存，共处于一个统一体中。矛盾双方的相互依存包含着两层意思：一是指矛盾双方互为存在的前提。矛盾的任何一方，如果没有对方，也就没有了自身；失去了一方，另一方也就不能存在。二是指矛盾双方的性质和特点是由对方所规定的，如果离开了对方，自己的相应属性和特点就会丧失。例如，在幼儿园老师与孩子的关系中，相对于孩子的学习与玩要，才有老师的传授，也就是说老师在幼儿园的性质和特点是由孩子规定的；同样，孩子的性质和特点也是由老师规定的。又如，在困难与顺利的关系中，人们往往相对于顺利才会有困难的感受，相对于困难才会有顺利的感受。

第二，矛盾双方相互贯穿、相互渗透，二者之间有一条由此达彼的桥梁。矛盾双方不仅相互依存，而且还相互贯穿、相互渗透和相互转化。这句话有三层含义：其一，有的矛盾双方在一定意义上是直接同一的，“你就是我，我就是你”。如祸福是矛盾的两个方面，它们之间就具有直接同一性。其二，矛盾双方在一定意义上是互相包含的，“你中有我，我中有你”。比如，遗传和变异是生物进化中的一对矛盾，遗传中存在着变异，这样才可能在旧的物种中进化出新的物种，才有了丰富多彩的生命世界。而变异则是在遗传的基础上发生的，正因为如此才能使物种延续下去。其三，矛盾双方在一定条件下向着自己相反的方向转化。实现矛盾双方的转化，必须具备一定的条件。没有必要的条件，事物不会无缘无故地转化。如果否认矛盾双方转化的条件，就会导致诡辩论。

矛盾的斗争性，是指矛盾双方相互分离、相互排斥、相互否定的性质和趋势。

辩证法所说的矛盾的斗争性，是一个高度概括且含义广泛的哲学范畴。它表明一切矛盾统一体中相互依存着的两个方面之间，都存在分离和排斥的倾向。差异、分离、排斥、否定、对立等，是对斗争性的不同表述。斗争性说明，同一性不是等同性。矛盾的同一性不是相同事物之间的关系，而是性质相异的事物之间相互依存和相互转化的关系。

动态地平衡

矛盾斗争性的内容十分丰富，具体形式也千差万别，因此，我们不能对斗争性作简单化的理解，不能用某一种具体的斗争形式来涵盖所有的斗争性。同一性和斗争性是矛盾同时存在、不可分割的两种属性。不存在只有同一性而没有斗争性，或只有斗争性而没有同一性的矛盾。一方面，斗争性离不开同一性，同一性是斗争性的寓所。如果没有同一性，对立的事物之间就不存在联系，那么斗争也就无从发生。另一方面，同一性也离不开斗争性，因为同一性是包含差别和对立的事物之间的联系。没有斗争性，对立双方既不能相互依存，也不能相互转化。

由于矛盾双方既对立又统一，既排斥又依存，因此要求我们不能只看到同一性或只看到斗争性，而应该从矛盾的本来面貌出发，在对立中把握同一，在同一中把握斗争。

名言

一切事物中包含的矛盾方面的相互依赖和相互斗争，决定一切事物的生命，推动一切事物的发展。没有什么事物是不包含矛盾的，没有矛盾就没有世界。

——毛泽东

相关链接

从前，有位老汉住在与胡人相邻的边塞地区，来来往往的过客都尊称他为“塞翁”。塞翁生性达观，为人处世的方法与众不同。有一天，塞翁家的马不知什么原因，在放牧时竟迷了路，回不来了。邻居们得知这一消息以后，纷纷表示惋惜。可是塞翁却不以为意，他反而释怀地劝慰大伙儿：“丢了马，当然是件坏事，但谁知道它会不会带来好的结果呢？”果然，没过几个月，那匹迷途的老马又从塞外跑了回来，并且还带回一匹胡人骑的骏马。于是，邻居们又一起来向塞翁贺喜，并夸他在丢马时有远见。然而，这时的塞翁却忧心忡忡地说：“唉，谁知道这件事会不会给我带来灾祸呢？”塞翁家平添了一匹胡人骑的骏马，他的儿子喜不自禁，于是就天天骑马兜风，乐此不疲。终于有一天，儿子因得意忘形，从飞驰的马背上掉了下来，摔伤了一条腿，造成了终生残疾。善良的邻居们闻讯后，赶紧前来慰问，而塞翁却又说道：“谁知道它会不会带来好的结果呢？”又过了一年，胡人大举入侵中原，边塞形势骤然吃紧，身强力壮的青年都被征去当了兵，结果十有八九都在战场上送了命。而塞翁的儿子因为是个瘸腿，免服兵役，所以他们父子得以避免了这场生离死别的灾难。这个故事归结为一句话就是“塞翁失马，焉知非福。”

议一议：这则小故事，告诉了我们什么哲理？

矛盾的同一性和斗争性分别对事物的发展起着重要的作用。

矛盾的同一性，是矛盾双方得以存在和发展的条件，从而孕育扬弃旧事物的条件。它对事物发展所起的作用表现在以下三个方面。

第一，矛盾一方的发展以另一方的某种发展为条件。矛盾的同一性，提供矛盾双方统一的场所，提供双方得以发展的条件。矛盾双方虽具斗争性，但在彼此的斗争中，各自都得到发展。

第二，矛盾双方相互利用、相互吸取，使有利于自身的因素得到发展。任何矛盾中，对立双方总包含着可以彼此利用的某些共同因素，新事物的发展也总要利用旧事物中有利于自己发展的某些因素。矛盾双方相互利用、相互吸取，推动着事物的发展。

第三，矛盾双方的内在同一性，规定事物发展的基本趋势。事物的发展是向自己的对立面转化，而矛盾的同一性、矛盾双方的转化，规定着事物发展的基本趋势。

矛盾的斗争性，在事物的发展中具有更加重要的作用。在事物的量变过程中，斗争性推动着矛盾双方力量的变化；在事物的质变过程中，斗争性是使旧事物灭亡、新事物产生的决定力量。

相关链接

苦难与天才

上帝像一个精明的生意人，显得有些苛刻，在给你一份天才的同时，也会搭配几倍于天才的苦难。世界著名小提琴家帕格尼尼就是一位饱受磨难的天才人物。帕格尼尼首先是一位苦难者。在他 4 岁那年，一场疾病差点让他和死神握手。这还不算，在他 7 岁那年，他又患上了严重的肺炎，当时的医生笃信放血疗法，帕格尼尼被放掉大量的血，以至于过了很久才能在他的脸上看到一点血色。在他人到中年以后，病痛又跳出来折磨他。46 岁的时候，他的牙床长满了脓疮，几乎拔掉了所有牙齿。牙病刚愈，他又染上可怕的眼疾，看不清、走不稳，幼小的儿子便成了他手中的拐杖。到了 50 岁，关节炎、肠道炎、喉结核等多种疾病又相继侵蚀着他的身体。后来他的声带也坏了，说话的权利也被剥夺了，只能靠他的儿子按口型翻译他的意思。他仅活到 58 岁，就口吐鲜血而亡。上帝给他搭配的苦难实在太残酷无情了，但上帝似乎觉得这还不够深重，他的生活还经历了更多的磨难。帕格尼尼性情孤僻，长期把自己囚禁起来，每天练琴10至12小时，他说在练琴的时候他会忘记饥饿和死亡。13岁起，他就在各地流浪，过着卖艺乞讨的生活；他一生和5个女人发生过感情纠葛，其中有拿破仑的遗孀；他的姑嫂又为他的钱财展开激烈争夺。在他眼中，既没有爱情，也没有什么亲情，除了儿子和小提琴以外，他几乎没有任何可留恋的东西。有人这样总结他的一生：苦难才是他的情人，他把它拥抱得那么热烈和悲壮。其次，他又是一个天才。他3岁开始学琴，12岁就举办了首场音乐会，并一举成名。之后，他的琴声传遍了法、意、奥、英、德等国。他的悠扬琴声让著名演奏家罗拉惊异得从病榻上跳下来。他的琴声使卢卡的观众们欣喜若狂，宣布他为城市的首席小提琴家。他的演奏被人们传得神乎其神，人们到处传说他的琴弦是用情妇的肠子制作的，魔鬼又暗授给他高超的琴法，所以他的琴声才魔力无穷。维也纳一位盲人听他的琴声，以为是乐队演奏，当得知台上只有他一人时，大叫“他是魔鬼”，随之匆忙逃走。巴黎人为他的琴声陶醉，忘记了正在流行的严重霍乱，演奏会依然场场爆满——他不但用独特的指法和充满魔力的旋律征服了整个欧洲和世界，而且还发展出了独特的指挥艺术。几乎欧洲所有文学艺术大师都听过他演奏，音乐评论家勃拉兹称他是“操琴弓的魔术师”。上帝创造天才的方式是这么的独特而不可思议。人们不禁要问，是苦难成就天才，还是天才特别热爱苦难？

议一议：从这则小故事中，我们可以得到一些什么启示？

一位动物学家对生活在非洲大草原奥兰治河两岸的羚羊群进行研究发现，东岸羚羊的繁殖能力比西岸强，奔跑的速度比西岸的快。为什么会有这些差别？后来经过调查研究，这位动物学家终于明白：东岸的羚羊之所以强健，是因为它们的附近生活着一支狼群，西岸的羚羊之所以弱小，是因为它们缺少这么一群天敌。没有天敌的动物们往往最先灭绝，有天敌的动物则会逐步繁衍壮大。在生活中没有必要憎恨你的敌人。若深思一下，你也许会发现，真正促进你成功、并让你坚持到底的，真正激励你、并让你昂首阔步的，不是顺境，往往是逆境，甚至是那些常常可置你于死地的打击和挫折。一位哲人说，要感谢你的敌人。感激伤害你的人，因为他磨炼了你的心志；感激欺骗你的人，因为他增进了你的智慧；感激中伤你的人，因为他砥砺了你的人格；感激鞭打你的人，因为他激发了你的斗志；感激遗弃你的人，因为他教导了你该独立；感激绊倒你的人，因为他强化了你的双腿；感激斥责你的人，因为他提醒了你的缺点。感激所有使你坚强的人。

矛盾的斗争性，在事物的发展中具有更加重要的作用。在事物的量变过程中，斗争性推动着矛盾双方力量的变化；在事物的质变过程中，斗争性是使旧事物灭亡、新事物产生的决定力量。

名言

敌进我退，敌驻我扰，敌疲我打，敌退我追。

——毛泽东

二、内部矛盾和外部矛盾在事物发展中的作用

矛盾推动事物发展，但不同的矛盾对事物发展的作用是不同的。事物处在不同的系统之中，矛盾可以分为内部矛盾和外部矛盾。内部矛盾对事物的发展起决定作用，外部矛盾对事物的发展起加速或延缓的作用。在事物的发展中，内因和外因同时存在、缺一不可。

（一）内部矛盾和外部矛盾

内部矛盾是事物内在的固有的矛盾，它是事物发展的内因。因为事物都是以矛盾的方式存在的，因此任何事物都具有内部矛盾。

外部矛盾是指一事物与他事物之间的矛盾。因为事物是普遍联系的，因此任何事物都不能孤立存在，必然与某些其他事物形成对立统一的关系，即外部矛盾。外部矛盾是事物发展的外因。

对于内因和外因的关系，我国战国时期的思想家韩非就已经认识到了，他说："木之折也必通蠹，墙之坏也必通隙。然木虽蠹，无疾风不折；墙虽隙，无大雨不坏。"他深刻地揭示了木折的内因是生虫，墙坏的内因是有裂缝，但是，如果没有大风和大雨这种外因，即使木生虫，墙裂缝，也不会产生木折和墙坏的现象。因此，只有内因或只有外因，事物都不可能发生变化。

相关链接

小泽征尔是世界著名的音乐指挥家。一次，他去欧洲参加指挥家大赛，在进行前三名决赛时，他被安排在最后一个出场。到他表演时，裁判委员会交给他一张乐谱，小泽征尔接过乐谱，以世界一流指挥家的风度，全神贯注地挥动着他的指挥棒。演奏中，小泽征尔听到演奏出来的乐音中存在不和谐的地方。开始，他以为是演奏者弹错了，于是，他大胆地让乐队停下来，申

明需要重新演奏一次，但重奏之后小泽征尔仍觉得不自然。于是，他再一次停下演奏，询问裁判们所给的乐谱是否有问题，可在场的作曲家和权威人士都郑重声明乐谱没有任何问题。小泽征尔难堪极了，他的比赛已经停下两次，如果再不演奏完，就该闹笑话了！在庄严的音乐厅内，面对着数十位音乐界的大师和权威，他不免对自己的判断产生了动摇，“难道是自己产生了幻觉?”但是，他考虑再三，坚信自己的判断是正确的，于是大吼一声：“不，一定是乐谱错了!”他的喊声一落音，评判台上那些高傲的评委们立即站起来向他报以热烈的掌声，祝贺他大赛夺魁。原来，这是评委们精心设计的圈套，以此来检验指挥家在外界干扰下的判断能力。前两位参赛者虽然也都发现了问题，但终因服从权威而被淘汰。

议一议：为什么小泽征尔能指出乐谱的错误，而其他的指挥家们却不能?

（二）内因和外因在事物发展中的作用

在事物的发展过程中，内因和外因共同起作用。唯物辩证法认为，外因是变化的条件，内因是变化的根据，外因通过内因而起作用。

内因是事物发展的根本原因。这是因为，事物的内因即事物的内在矛盾，是一事物得以存在的基础，是区别于其他事物的内在根据，决定着事物的根本性质和发展方向。

相关链接

这不是理由

从上卫生保健课的第一天起，教室里的墙上就挂着一幅人体解剖图。挂图上面标着人体主要骨骼、肌肉的名称。整整一个学期，这副人体解剖图就一直挂在那里，不过老师从来没提起过它。期末考试那天，学生一进教室，就发现挂图没有了。而那次考试的题目却是：“根据示意图写出人体各个主要骨骼、肌肉的名称。”全班同学异口同声地抗议：“我们从来没有学过这个!”“这不是理由!”老师说道：“那幅解剖图在墙上已经挂了好几个月了。”无奈之下，大家只好勉强答题，过了一会儿，老师把试卷全部收起，然后用力撕碎扔进了垃圾桶里。老师严肃地告诫学生，“永远不要忘记，你们来学校上学，不仅是老师教给你们的那点知识，更要懂得去主动学习老师没有教给你们的知识”。

议一议：作为学生，我们应当怎样做，才会是老师眼里的好学生?

外因是事物发展的必要条件，对事物的发展起着加速或延缓的作用。任何事物都不能孤立存在，而是与相关事物相互联系的。因此，任何事物的发展都要受到相关事物的影响，相关事物对该事物的发展起着有利或不利、促进或延缓的作用。

外因只有通过内因才能对事物的发展起作用。外因对事物的发展是不可或缺的，但它只是一种外部条件。外因只有通过影响事物的内部矛盾，才能发挥作用。它不能改变事物发展的根本方向，只能起到促进或延缓的作用。

相关链接

孟母三迁

孟子小的时候，父亲早早地死去了，母亲守节没有改嫁。有一次，他们住在墓地旁边。孟子就和邻居的小孩一起学着大人跪拜、哭嚎的样子，玩起办理丧事的游戏。孟子的母亲看到了，就皱起眉头道："不行！我不能让我的孩子住在这里了！"孟子的母亲就带着孟子搬到市集，在靠近杀猪宰羊的地方居住。到了市集，孟子又和邻居的小孩学起商人做生意和屠宰猪羊的事。孟子的母亲知道了，又皱皱眉头："这个地方也不适合我的孩子居住！"于是，他们又搬家了。这一次，他们搬到了学校附近。每月夏历初一这个时候，官员都要到文庙行礼跪拜，互相礼貌相待，孟子见了都一一学习记住。孟子的母亲很满意地点着头说："这才是我的儿子应该住的地方呀！"

议一议：从这个小故事里，我们可以得到什么启示？

可见，在事物的发展中，内因和外因所起的作用是不同的。内因是事物发展的根据，是第一位的原因；外因是事物发展的条件，通过内因而起作用，是第二位的原因。

鸡蛋因得适当的温度而变化为小鸡，但温度不能使石头变成鸡子，因为二者的根据是不同的。

名言

——毛泽东

相关链接

有一所幼师学校，大部分女生入学时舞蹈基础较差，普通话也不标准。她们在老师的有效指导下，通过自己的勤学苦练，慢慢地找到了舞蹈的感觉，普通话也逐渐标准起来。经过持续三年的努力，同学们的舞蹈水平有了明显提高，掌握了多种舞蹈技能技巧，绝大部分同学的普通话也达到了二级甲等，少数同学达到了一级乙等。有人说，这所学校教育教学有方，有人说，这个学校的师资水平高，可这些幼师生们都深有体会，没有自己的努力，这些技能是不会自己跑到他们的脑子里的。这里的老师们说，我们最大的成功，在于让学生找回了自信，找到了新的人生目标和起点，激发了学生主动学习的热情，她们的成功在于她们自己的坚韧意志和刻苦努力的学习过程。

（三）学习内因和外因的意义

正确认识内因和外因在事物发展中的作用，对于我们学生的成长具有重要的指导意义。无论做什么事情，都应该首先强调内因，发挥自身的主观能动性，最大限度地体现出人的创造力。在外部条件相同的情况下，谁多付出一分努力，谁就会多一分收获。同时，也要重视外部条件的作用。利用外部的有利条件，排除不利条件的干扰。在外部条件不允许的情况下，硬是要上，这是忽视外因的作用，是主观蛮干；坐等外部条件自然而然地成熟，消极等待，不去创造条件，这是忽视内因的决定作用，没有发挥人的主观能动性。所以，我们要注重内外因的有机结合。

相关链接

改变自己

第二次世界大战期间，一个叫塞尔玛的新婚妻子随丈夫驻扎在靠近沙漠的一个陆军基地里，他们找到了一间靠近印第安人村落的小木屋，这里的生活条件非常差。白天气温闷热难耐，风又总是一年到头呼呼地吹个不停，把尘土吹得到处都是。丈夫每天要奉命外出演习，只剩下塞尔玛一个人在家里。她没有人可以说话，也没有什么事情可干，这让她感到非常无聊。其实，塞尔玛也很想出去走走，可是附近住的都是一些印第安人和土耳其人，他们不会说英语，而塞尔玛也根本不懂他们的语言，彼此没法沟通。因此，她写信给她的父母，说想要回家。没想到苦苦盼到的父母的回信上只有几行字：“有两个人从监狱的铁窗往外看，一个看到的是地上的泥土，另一个看到的却是天上的星星。”刚开始看到这几句话的时候塞尔玛感到很生气，后来她反复看、反复琢磨，终于悟到了父母想要对自己说的话：自己忧愁、抱怨等一切问题的根源就在于总是习惯低头向下看，所以看到的只是地上的泥土。而我们的生活中除了泥土，还有满天的繁星，为什么不抬起头来，享受那星光灿烂的美好世界呢？塞尔玛把父母的来信看了很多遍，感到非常惭愧，她决定要在沙漠里寻找自己的“星星”。有了这样的想法后，塞尔玛开始改变自己。她走到户外，和邻近的印第安人交朋友，并请他们教她如何纺织和制陶。刚开始他们彼此还有点生疏，但是当他们了解到塞尔玛真的对这些感兴趣时，他们也对她真诚相待，并且把舍不得卖给游客的纺织品和陶器送给她。于是，才过了几天，塞尔玛就充分地感到自己的生活已经变得充实、快乐了。不仅如此，塞尔玛还迷上了印第安文化。她开始研究起沙漠和沙漠中的仙人掌，一边研究还一边做笔记，仙人掌的千姿百态令她陷入深深的沉醉中；她也醉心于欣赏沙漠中的日出日落以及海市蜃楼的幻影，体味着新生活给她带来的快乐。很快地，沙漠也从荒凉之地摇身一变成为她眼里一处神奇美丽的地方。她发现生活中的一切都变了，她每天都仿佛沐浴在春光之中，每天都非常快乐。谁也没有想到，两年之后，塞尔玛不但成为一名沙漠专家，她还根据自己这段真实的心路历程写了一本名为《快乐的城堡》的书，引起了很大的轰动。

议一议：塞尔玛为什么会有现在这样的收获？

作为学生，我们在学习期间应该充分利用有利的学习条件，勤奋学习，刻苦学习，掌握更多的科学文化知识。对于不利的学习条件，则应该迎接挑战，战胜困难，尽量变不利条件为有利条件，争取更大的成绩。

第二节　矛盾的普遍性和特殊性

一、矛盾普遍性的含义

唯物辩证法认为，矛盾是普遍存在的，没有矛盾就没有世界。矛盾是事物发展的源泉和动力，矛盾贯穿于事物发展过程的始终。

（一）矛盾的普遍性

矛盾的普遍性是矛盾所具有的共性和一般性。概括地说，矛盾的普遍性就是指矛盾时时、处处、事事都存在。具体表现在以下两个方面。

第一，矛盾存在于一切事物的发展过程中。也就是说，矛盾无处不在，没有矛盾的事物是不存在的。从宏观的角度看，矛盾存在于各种运动形式中，矛盾无处不在。任何具体的事物，也无一例外地存在着矛盾。在家庭中，夫妻之间、父母子女之间、兄弟姐妹之间、婆媳之间，都存在着矛盾，所以中国有句俗语，叫做“家家都有一本难念的经”。在学校中，教与学之间、教师与学生之间、教师之间、学生之间，也存在着矛盾。在一个单位，存在着领导与被领导之间、同事之间、脑力劳动与体力劳动之间的矛盾。当然，矛盾与和谐不是绝对对立的，有矛盾不等于不和谐，和谐是存在差异和矛盾的和谐。只要正确处理家庭、学校和工作单位中的各种矛盾，大家就可以彼此协作、友好相处。无论是自然界还是人类社会，无论是客观世界还是主观世界，无论是宏观世界还是微观世界，处处都存在着矛盾。不包含矛盾的事物是不存在的。

第二，矛盾贯穿于每一事物发展过程的始终。也就是说，矛盾无时不在，每个事物时时刻刻都存在着矛盾。矛盾的普遍性，既表现在空间上事事处处有矛盾，又表现在时间上时时刻刻有矛盾。任何一个事物，从其产生、发展直至灭亡，自始至终存在着矛盾。事物发展的整个过程其实就是矛盾的产生、发展和解决的过程。旧的矛盾解决了，新的矛盾又产生，就这样循环往复，以至无穷。

时时、处处、事事存在着矛盾，并不是说任何时候矛盾都是直接显露于外的。矛盾是在一个个的经历过程中被渐渐发展和显现的，一些矛盾在开始时往往表现为“差异”，差异也是一种矛盾。随着矛盾的展开，对立和斗争便会显现出来。例如，幼儿园里老师和孩子教与学的矛盾就是一个逐渐展开、显现的过程。

（二）正确面对人生中的矛盾

矛盾的普遍性告诉我们，矛盾是无时不在、无处不在的。我们的人生同样充满了矛盾，要做生活的强者，我们就必须正确面对人生中的矛盾。

首先，我们要勇于正视矛盾。当矛盾显现时，要敢于面对，不能逃避。

相关链接

花儿照样开

有一个商人运货出海，不幸的是货船在海上遭遇了风浪，他不但血本无归，还要背上巨额的债务。商人经受不住这个打击，开始变得萎靡不振、精神恍惚。有一次，他遇到一个跟他差不多的苦难人，本以为同是天涯沦落人，可以互相诉苦，没想到那个人却丝毫没有抱怨的神色。商人便问那个人："你为什么不伤心？难道咱们的遭遇还不够悲惨吗？"那个人对他说："你咒骂，你伤心，日子一天天过去；你快活，你欢乐，花儿依旧照常开放。既然是这样，何不淡忘悲伤，过得快乐一点呢？"

议一议：从这个小故事里，我们可以得到什么启示？

其次，要学会处理矛盾，"一分为二"地看问题。当面对不同的矛盾时，要能理清头绪，分出轻重缓急。既能看到矛盾的不利方面，也能看到矛盾的有利方面。只有这样，才能有利于矛盾的积极解决，帮助我们更好地成长。

总之，任何事物、任何时候都存在着矛盾。旧的矛盾解决了，新的矛盾又会产生。世界充满着矛盾，事物就是在矛盾的产生和解决中不断发展、前进的。认识矛盾的普遍性，对我们正确认识世界具有重要的指导意义。世界充满着矛盾，矛盾是客观事物自身所固有的，因此，我们认识问题和解决问题就是认识矛盾和解决矛盾。对于任何事物都应该坚持"一分为二"的观点，进行全面、系统的分析。

相关链接

事事难成事事成

1962 年 10 月，我国现代著名作家郭沫若先生偕夫人到普陀山朝圣游览，不想在"潮音洞"附近拾到一个袖珍笔记本，笔记本扉页上写着一副联语：年年失望年年望，处处难寻处处寻。横批是：春在哪里。再翻一页，竟是一首绝命诗，并署了当天的日期。郭老看了之后很着急，马上叫人寻找失主。几番寻找，终于找到笔记本的主人——一位面色忧郁的姑娘。她叫李真真，因三次高考落榜，加上恋爱受挫，于是决心"魂归普陀"了。郭老见到这位姑娘后，耐心地开导她，对她说："这副对联写得不错，不过有些太消沉了，我替你改改，你看怎么样？"姑娘点点头，郭老提笔改成：年年失望年年望，事事难成事事成。横批换成：春在心中。李真真看后感激不已，于是请郭老为这副对联签上名。待郭老写上"郭沫若，六二年秋"几个字，姑娘才惊喜地知道眼前这位老人竟是郭沫若。姑娘把绝命书撕个粉碎，对郭老说："谢谢您！我要在人生的道路上勇敢地走下去。"最后，郭老把清朝作家蒲松龄的落第自勉联一同赠她，勉励她树立起生活的信心，做一个坚强的人：有志者，事竟成，破釜沉舟，百二秦关终属楚；苦心人，天不负，卧薪尝胆，三千越甲可吞吴。绝望的姑娘重新燃起对生活的信心。此后，她积极上进，刻苦复习功课，终于在一年后考入了大学。

议一议：人的一生会碰到许多矛盾。在矛盾面前，我们应怎么做？

二、矛盾特殊性的含义

矛盾无处不在、无时不有，具有普遍性。同时，普遍存在着的矛盾又是各不相同、千差万别的。因此，我们了解了矛盾的普遍性之后，还应了解矛盾的特殊性。

（一）矛盾的特殊性

矛盾的特殊性，是指每个矛盾和矛盾的每个侧面各有其特点。矛盾的特殊性规定了一事物与他事物相区别的特殊本质，是世界上一切事物千差万别、千姿百态的内在根据，是事物存在和发展的特殊原因。

首先，不同运动形式、不同事物的矛盾各不相同，具有不同的特点。世界上之所以具有各种不同的物质构成和不同的运动形式，就是由于他们各自具有不同的矛盾特殊性。正是由于内在的矛盾特殊性，才将各种事物区分开来。俗语中的"人上一百，形形色色"就是这个道理。

相关链接

幸福的安全概率

朋友的两个表妹，都是天生丽质，但家境不同。一个家里的父母都是大学老师，从小就将其培养得知书达理，长大后又看《红楼梦》又看张爱玲，活脱脱是个女文青。而另一个家里是做生意的，虽然也是千金宝贝似的养着，却成熟练达。这两个表妹，从小的爱情观也是不同。大表妹立志要找个情投意合的，好几次大人开玩笑，说要介绍有钱人给她，大表妹却斩钉截铁地说，无论贫贱，只有真正相爱才能在一起。之后也是如此，遇到喜欢的人，确实包容有加，无论犯什么错也一样甜蜜。小表妹恰恰相反，小时候逗趣就说日后得嫁个才貌双全的，尤其家境得好，不能嫁过去后吃一丁点儿的苦。小女孩说这话，别人也就当个笑话，谁料到长大后，她竟一点都没有变，立志要嫁个有钱人。大小表妹各有心思，大人们苦劝不听，只好尽由她们去了。若干年后，结果如何呢？大表妹在大学里与男生恋得死去活来，毕业后，她找工作有家里帮忙，自不用愁，那男生却只能回老家。大表妹回家天天哭，发誓非这个心爱的男人不嫁，逼得家人也帮这男人搞定了工作。这男人在大表妹家住了四年，事业渐渐稳定，也当上了部门主管。大表妹和家人心里满意，都巴望着赶紧结婚。可就在这个时候，男人勾搭上单位里的小实习生，没几日，就搬出大表妹家，双宿双飞去了。大表妹一生挚爱，7 年青春都耗费在这个男人身上，到头来却落得被遗弃。再后面几年里，一直沉溺在情伤里难以走出，过了三十岁都没有找对象。小表妹在大学时就刻意结识有钱人。她长得好看，倒是受不少富二代青睐，每到周末，总有保时捷、兰博基尼来接她去玩，大学四年成了风云人物。毕业后，她倒是不想玩了，要好好找男人结婚时，却发觉那些富二代不过是玩玩的，今天看你年轻漂亮，就都围着你转。明天你想要结婚，人家早就去大学里觅更年轻漂亮的小姑娘。受了这个打击，小表妹终于幡然醒悟，她觉得，与其梦想着当阔太太，还不如老老实实找个人过日子。小表妹有个同学，一直对小表妹有好感，只是家境一般，看着小表妹坐着名车就没敢追求。这个男人开着个小小的外贸公司，只是勉强运营着，听说赚钱很有限，只比一般的打工仔略好点。小表妹抱定过日子的打算，就接受了这个老实本分的男人，希望能过一段平稳的日子。她嫁过去后，那男人如有神助，事业节节上升，没几年，竟成了亿万富翁。朋友讲两个表妹的故事给我听，只为了证明一句话："爱到死去活来的人，通常没什么好结局。认准踏实过日子的，反倒感情不错。"就如开头所说，这只是个无头公案，实在不敢说证明了什么道理。只表明正经过着日子的人最有潜力，上升时能成为老实的有钱人，下降时最不济也能过好小日子。生活幸福，无非是追逐这种安全的概率而已。

议一议：朋友的两个表妹，为什么会有如此不同的命运？

其次，同一事物的矛盾在不同的发展阶段各有其特点。比较复杂的事物，其发展总要经过若干个发展阶段，在各个阶段之间，也都存在着差别。区分不同阶段的依据，就是它们各自所包含的特殊的矛盾。人就是如此，从幼儿发展到少年、青年、中年，直至老年，每一阶段都有其特点。

相关链接

明朝嘉靖年间，北京城中有位裁缝名气很大，他裁制的衣服，长短肥瘦，无不合体。一次，御史大夫请他去裁制一件朝服。裁缝量好了他的身腰尺寸，又问："请教老爷，您当官当了多少年了？"御史大夫很奇怪："你量体裁衣就够了，还要问这些干什么？"裁缝回答说："年轻相公初任高职，意高气盛，走路时挺胸凸肚，裁衣要后短前长；做官有了一定年资，意气微平，衣服应前后一般长短；当官年久而将迁退，则内心郁悒不振，走路时低头弯腰，做的衣服就应前短后长。所以，我如果不问明做官的年资，怎么能裁出称心合体的衣服来呢？"

议一议：从这则小故事里，我们能悟出什么哲理？

再次，事物矛盾的双方也各有其特点。我们只有了解了事物的发展过程中不同矛盾不同方面的特点，才能在总体上、在相互连接上去把握事物矛盾的特殊性。

名言

如果不研究矛盾的特殊性，就无从确定一事物不同于他事物的特殊的本质，就无从发现事物运动发展的特殊的原因，或特殊的根据，也就无从辨别事物，无从区分科学研究的领域。

——毛泽东

相关链接

中西绘画比较

中西绘画如两山雄峙，各领风骚。西洋画从有、从宗教出发，乃社会生活之反映。客观，求真实，技术含量高，故为科学的。西洋画家多与数学家、物理学家交友，他们的作品常成为科学家研究、求证的对象。中国画从无、从玄学出发，乃人世风景之印象。主观，求意象，求物我同一，求物皆是我，甚至就连自己亦不知所以然，故为哲理的。中国画家常与文人、官人、闲人交友，抑或自己就是文人、官人、闲人。西洋画讲强烈，讲刺激，讲进取，以满足感官冲动。中国画讲平和，讲退隐，讲镜花水月，讲忘却痛苦，连同理想上进一并暂且放下，以求得失意心灵的慰藉。中国自宋代始，提出人品即画品，此为西洋画所无。如“人品既已高矣，气韵不得不高”，如“学书者先贵立品，立品之人，笔墨外，自有一种光明正大之概”，如“操一艺以至神明者，必先抱卓绝一世之间”，如“未有品不高而能画者”，以此强调人之修养，强调人在画先。西洋画讲外光，讲客观对象在外光下色彩变化引起的视觉冲击。中国画不讲外光，讲光阴，讲浩浩阴阳移，讲悠悠千载，讲日长如小年，讲逝者如斯。因此中有对生命的感叹，是有情感的时空，故中国画地上无如影随形，水中舟船山石树木流云亦无倒影。西洋画画女人体，求肉感，求视觉快感。中国画画女人，不在画的对象，王顾左右而言他，只是对美好的寄托，亦或者就是画作者自己。西洋画是年轻的，当下的。中国画是年老的，传统的。中国画家靠修炼，靠大器晚成。中国画用笔苍老，老而润，老而媚，这是很高的评价，这是一辈子的功夫。中国画技法古已有之，代代相传，师父领进门，笔笔讲来历，再讲只待作者天机发之。天机发之，便是创作。西洋画之材料，硬质的笔、布及油性的颜料，决定了作画的必然性，可反复涂抹修改塑造。中国画之材料，毛笔、生宣纸及水性的墨与颜料，决定了作画的偶然性，一笔就是一笔，稳、准、狠，不可涂抹，不可修改。画错了，只能毁掉，另取一纸，从头再来。中国绘画的偶然性，恰好最大限度地提供了创造性。因为一切创造均来自偶然。偶然性越大，创造的机会越多。西洋画重技术，故要进学校受专门训练。中国画讲方法，故拜师比进学校重要。更讲画外功夫，尤看重读书。读书的目的在增长心志，提升眼光，在超凡脱俗。真能脱俗之人，方可知道“好”究竟是怎么回事。西洋画如春夏，如少年，蠢蠢欲动。中国画如秋冬，如淑女，静而悠闲。

（二）矛盾的性质

我们生活的世界充满了矛盾，而不同事物的矛盾又各有其特点。矛盾按其性质，可分为两大类：对抗性矛盾和非对抗性矛盾。对抗性矛盾是根本利益对立基础上的矛盾，非对抗性矛盾是根本利益一致基础上的矛盾。一般来说，对抗性矛盾就要用对抗性的斗争形式来解决，非对抗性矛盾就要用非对抗性的斗争形式来解决。比如，对于敌我矛盾就要用专政的手段来解决。对于人民内部经济利益上的矛盾，只能通过发展经济、实现共同富裕的方式加以解决。对于人民群众认识上的分歧，只能通过民主讨论、互相协商的方式加以解决。对于是非问题，只能通过教育、批评与自我批评的方法加以解决。至于学术争论，只能通过百花齐放、百家争鸣的方法，经过实践检验来解决。

（三）矛盾的解决方式

由于不同事物的矛盾各有其特点，因而解决矛盾的方法也必有其特殊性。通常，矛盾的解决方式有以下几种情况：

第一，矛盾的一方克服另一方，一方吃掉另一方。这是解决矛盾的较普遍的形式。

第二，矛盾双方“同归于尽”，被新的对立双方所代替。

就拿自然界中形成的琥珀来说，当松树渗出的油脂将小昆虫包裹进去后，地震发生了，松树油脂和小昆虫被埋进深深的地层而“同归于尽”。在长期与空气隔绝的情况下，它们变为琥珀化石。又如，在奴隶社会末期，奴隶和奴隶主的斗争结果，是两个阶级“同归于尽”，从而形成新的阶级即地主阶级和农民阶级。而地主阶级和农民阶级则构成封建社会的矛盾统一体。再如，在战争中，敌我双方同归于尽，如英雄董存瑞舍身炸碉堡、黄继光舍身堵枪眼、杨根思手持爆破筒纵身跳进敌群等。

第三，矛盾双方斗争的最终结果是融合为一个新事物，使矛盾得以解决。

第四，矛盾双方经过斗争，达到平衡，并行发展。

名言

中国特色社会主义道路之所以完全正确、之所以能够引领中国发展进步，关键在于我们既坚持了科学社会主义的基本原则，又根据我国实际和时代特征赋予其鲜明的中国特色。在当代中国，坚持中国特色社会主义道路，就是真正坚持社会主义。

——胡锦涛

相关链接

当美国第一任总统华盛顿还是一位上校的时候，他率领着他的部下驻守在弗吉尼亚。当时，那里正在选举弗吉尼亚地区议会的议员。有一个名叫威廉·佩恩的人反对华盛顿所支持的候选人。对此华盛顿与佩恩展开了激烈的争论。华盛顿出言不逊，触犯了佩恩，佩恩一气之下，将华盛顿一拳打倒在地。华盛顿的部下听到这个消息，群情激愤，部队马上开了过来，准备替他们的上司报仇。华盛顿当场加以阻止，并劝说他们返回营地，一场一触即发的不愉快事件在华盛顿的劝说下被化解了。第二天一早，华盛顿派人送给佩恩一张便条，要求他尽快赶到当地的一家小酒店来。佩恩怀着凶多吉少的心情如约到来，他猜想华盛顿一定是怀恨在心，要和他进行一场决斗。然而，出乎意料的是，他所看到的不是手枪而是华盛顿端过来的酒杯。华盛顿看到佩恩到来，立即起身相迎，并笑着伸过手来，说道："佩恩先生，犯错误是人之常情，纠正错误是一件光荣的事情。昨天所发生的事情是我不对，你已经在某种程度上得到了满足。如果你认为到此可以解决的话，那么请握一下我的手——让我们交个朋友吧。"佩恩激动地伸过手来。从此以后，佩恩成了一个热烈拥护华盛顿的人。

议一议：从这则小故事里，我们能悟出一些什么？

作为中师学生，我们在学校求学期间，存在着学校、班级和个人之间的各种矛盾。解决这些矛盾只有通过利益和关系的调整，使学校、班级和个人三者的利益得到兼顾，才能使校园秩序得以稳定。

三、矛盾普遍性和特殊性的辩证关系

矛盾的普遍性揭示了矛盾无处不在、无时不有，这是矛盾的共性、一般性，它是无条件的、绝对的。矛盾的特殊性揭示了每个矛盾都有自己的特点，这是矛盾的个性、个别性，它是有条件的、相对的。因此，矛盾普遍性和特殊性的关系就是共性和个性、一般和个别、绝对和相对的关系。二者既有区别，又有联系，并且在一定条件下能够相互转化。

（一）矛盾的普遍性和特殊性是相互区别的

矛盾的普遍性是共性，它虽然概括了事物中共有的东西，但没有将事物中的个性的东西包括进去。比如"人"这个概念是从各种不同性别、年龄、文化水平、职业、民族、国籍、阶级的人中抽象出的最一般的本质属性，至于每个现实的人的特点和属性都被“人”这个概念涵盖了。

相关链接

我国战国时期的思想家公孙龙在其著名的“白马论”中提出了“白马非马”的命题。他说：“求马，黄、黑马皆可致；求白马，黄、黑马不可致。”意思是说，如果找马，则黄马、黑马都是马；如果找白马，则黄马和黑马都不能包括在内，因为白颜色已将其确认为特殊的马了。他认为，马中固然包括白马，但白马不等于马。“白马非马”中的“非”并不是“不”的意思，而是“有别于”的意思。因此，“白马非马”的意思是说，白马有别于马，而不是说白马不是马，公孙龙在中国哲学史上第一次提出了个别与一般的关系问题，看到了白马是个别，而马是一般。

（二）矛盾的普遍性与特殊性又是相互联系的

共性存在于个性之中，并通过个性表现出来。个性中包含着共性，任何事物都是共性与个性的统一。比如，世界上没有抽象的人，只有现实的、具体的、实实在在的个人。“人”的共性就是从一个个有差别的人中抽象出来的，“人”就存在于现实、具体的个人之中。同样，作为个别的人，不论他与其他的人有多么大的差异，他身上都必然存在着与其他人相同的点，都必然体现着“人”的共性，所以他才能称之为人，而不是其他什么东西。

“水果”的含义

（三）矛盾的普遍性与特殊性在一定条件下可以相互转化

由于事物的范围极其广大和发展的无限性，因此在一定场合为普遍性的东西，在另一个场合则可能变为特殊性。反之，在这个场合为特殊性的东西，到另一个场合则可能变为普遍性。

相关链接

一个好吃懒做的财迷，整天胡思乱想，期盼自己能变成富翁。一天，别人告诉他，某海岛上有个独眼国，那里的人只长了一只眼睛。他高兴极了，心想，我要是抓到一个独眼人带回来办展览，准能发大财。他变卖了家产，买了条船，到海上寻找独眼国去了。船飘呀飘呀，终于飘到了一个海岛。他赶紧上了岸。“呀，真怪！这里的人，无论男女老少，全长着一只眼睛。”他觉得人家怪，可人家也觉得他长得怪：“这个人真特别，怎么有两只眼睛呀？”这个发财心切的人本想抓走一个独眼小孩，不幸的是自己却被几个独眼大汉逮住了。独眼国的人把他关在一个大铁笼里，办了个展览，参观的人可真多呀！

议一议：这个想发财的人，为什么在独眼国被关进了铁笼子办展览？

因为任何事物都是普遍性和特殊性、共性和个性、一般和个别的统一，所以，普遍性与特殊性、共性和个性、一般和个别的关系问题就是矛盾问题的精髓。懂得这个道理，为我们正确认识和解决事物的矛盾，提供了根本方法。人的认识过程总是首先从认识具体事物开始，具体事物是认识的出发点。在认识了大量具体事物之后，才能逐渐从中概括出同类事物的共同本质，揭示出事物的发展规律，并以对事物发展规律的认识为指导，去认识新的事物。人类的认识就是这样一个“特殊——普遍——特殊”，“个性——共性——个性”，“个别——一般——个别”的不断深化的过程。如果我们的认识仅仅停留在对矛盾特殊性、个性和个别的认识上，就不可能达到对事物本质和规律的认识。同样，如果我们仅仅停留在对事物普遍性和一般性的认识上，我们的认识就会是抽象的、僵化的。只有将对事物的普遍性和特殊性、共性和个性、一般性和个别性的认识结合起来，才能既把握事物的内在本质和发展规律，又把握好事物的具体特点，把工作做好。

以幼儿园的教学工作为例，幼儿教师必须在教学工作中积累经验，探索规律，才能不断提高教学水平。但是要真正搞好教学，还必须了解幼儿的身心特点，因材施教、因人制宜，而不能对所有的幼儿都采用同样的方法。

名言

不能把过程中所有的矛盾平均看待，必须把它们区别为主要的和次要的两类，着重于捉住主要的矛盾。

——毛泽东

第三节　学会运用矛盾的分析方法

矛盾是事物发展的源泉和动力，认识事物就是认识矛盾，不同事物的矛盾是千差万别的，因而，我们在认识事物的过程中，对不同的矛盾就应区别对待，坚持矛盾分析的方法，学会具体问题具体分析。

一、学会把握重点和主流

随着分析矛盾特殊性的进一步深入，我们就会发现，在事物的发展过程中，常常有许多矛盾互相交织，构成一个复杂的系统。各种矛盾相互作用、相互影响、相互制约，使事物的发展呈现出不平衡性，这种不平衡体现在矛盾的地位和作用的不同上。

（一）学会抓主要矛盾

第一，认清主要矛盾和次要矛盾的关系。

在复杂的矛盾中，由于各种矛盾的地位和作用不同而分为主要矛盾和次要矛盾。主要矛盾是指处于支配地位，对事物发展起决定性作用的矛盾。次要矛盾是指处于从属地位，对事物发展不起决定性作用的矛盾。在具体的事物中，主要矛盾和次要矛盾是不同的，二者的主要区别就在于它们所处的地位不同，对事物发展所起的作用不同。

主要矛盾和次要矛盾是相互依赖、相互联系和相互影响的。主次矛盾具有同一性，二者共处于同一事物之中，谁也不能离开对方而独立存在。主要矛盾虽然决定次要矛盾，但同时它也受次要矛盾的制约和影响。

作为在校生，努力学习是我们的首要任务，是主要矛盾。但我们在校园的求学过程中，还会遇到与室友相处、学校的生活设施不够完善、学校的某些课程设置不一定完全合理、与异性同学的相处以及早恋等问题，这些是次要矛盾。次要矛盾解决得不好，会直接影响到主要矛盾的解决。

主要矛盾与次要矛盾的区别是相对的，二者在一定条件下相互转化。原来的主要矛盾解决了，它就退到次要的地位；原来处于次要地位的某种矛盾，自然就会显现出来，上升为主要矛盾。

相关链接

三只兔子不可追

儿子跟着村子里的其他孩子去捕鱼捞虾，回来之后，父亲责怪儿子不好好念书，把他捞的一盆鱼虾全掀翻在水沟里。儿子跟着其他孩子上山打柴，父亲责怪儿子不务正业，一把火将那堆柴化成浓烟和灰烬。父亲在这样做之后，总会恶狠狠地留下一句话：将军路上不追兔！对父亲霸道的行为，儿子用手擦着泪水，脑子里反复思考父亲的那句话："自己根本就没有追兔子呀？何况自己又不是将军！"年少的儿子怎么也弄不明白父亲的话是什么意思。后来，父亲给儿子讲了一个楚王打猎的故事：楚王狩猎的时候，一只兔子从草丛中蹿过，楚王弯弓搭箭，正准备射箭，突然，从他的左边跑过一头羊，于是楚王又把箭头对准了羊。恰好在此刻，林子的右边又跳出一只梅花鹿，楚王又掉转箭头指向梅花鹿。忽然从林子上空传来苍鹰的叫声，一只珍贵的苍鹰正从楚王狩猎的上空飞过。楚王最终选择了苍鹰，待要瞄准时，苍鹰已划过一道弧线远遁而去。待到楚王回过头来找其他猎物时，兔、羊、梅花鹿早已无迹可寻，楚王只好空手而回。听了这个故事，儿子才有点明白父亲前面说的话：父亲的做法是为了让自己专心学习，不要迷失了目标。儿子后来上了大学，进入学术研究领域。有一天，他问一位造诣颇深的教授："在专业领域有所成就的经验是什么？"教授回答："年轻人，别羡慕我，要收获丰硕的成果，说难也难，说容易也容易，只要抵挡住诱惑，不去追那三只兔子，业绩自有水到渠成的一天。"接着，教授讲出了这三种诱惑："人生有三只兔子不可追。少儿时代，纵情于嬉戏玩耍是一只诱人的兔子，你若去追赶它，它就很难给你的童年打下基础。青年时代，校园之外名利富贵是一只诱人的兔子，你若去追赶它，它就会给你带来浮躁平庸的一生。中年时代，社会上灯红酒绿，浑浑噩噩是另一只诱人的兔子，你若去追赶它，它就会带给你堕落的一生。只要克服了人生路上的诱惑，专心于自己选择的道路，终有一天能走到终点。"

议一议：我们现在正处于求学的黄金时段，应如何完成好自己的学业？

第二，学会抓重点。

呈现在我们面前的，是复杂系统中的诸多矛盾。只有全力找出主要矛盾，抓住主要矛盾，才能更好地解决问题，提高办事效率。俗话说“牵牛要牵牛鼻子”，“好钢用在刀刃上”，都是讲处理问题时要抓主要矛盾。如果“眉毛胡子一把抓”，不分主次，不抓主要矛盾，工作就不会有成效。只有抓住了主要矛盾，次要矛盾才能迎刃而解，彼此兼顾。

相关链接

到肯尼亚卖蚂蚱酱

周昆田的家乡盛产蚂蚱酱。他想蚂蚱酱虽然美味，但它的美名仅限于家乡，外地人很少人知晓，而且本地的同质竞争也比较激烈。他决定再“往前走走”，避免与当地经营者正面交锋。周昆田有个在肯尼亚做生意的朋友，他把自己的小九九说给朋友听。朋友鼓励他：“树上有没有枣，先打上两杆子。我们去做个调查就行了。他们爱吃，我们就开店。”周昆田先在肯尼亚当地做了调研，开展免费试吃活动，确认肯尼亚人会青睐他的蚂蚱酱。他还担心蚂蚱酱会出现水土不服的情况，保证配料与口味没有差异，市场价格方面也做了调研，他的蚂蚱酱并没有超出当地人的消费水平。于是，周昆田信心满满，选了个良辰吉日，在肯尼亚开了一家“友谊蚂蚱”店。但让他诧异的是，小店开张的几个月，生意出奇地冷清，很少有人来就餐，仅有的顾客也只是当地的华人华侨。周昆田百思不得其解。一天，“友谊蚂蚱”店来了一位华人朋友，这位朋友看了看店的名字，笑着对周昆田说：“老兄，知道你的店为什么生意冷清吗？怪就怪在你不细心上。这样，你把店名字改改吧，不用改太多，只要把‘蚂蚱’改成‘公蚂蚱’就行了。”周昆田丈二和尚摸不着头脑，不知那位华人朋友葫芦里卖的什么药，但他还是照做了。没想到，小店的名字改了之后，生意就红火起来了。原来，那位华人朋友在肯尼亚已经工作十几年，对当地人的饮食习俗非常了解：当地人重生养，觉得母蚂蚱生小蚂蚱不容易，不应该吃，公蚂蚱却能吃。周昆田没想到，细节中还藏着细节。

议一议：周昆田的小店改了名字后为什么会迅速红火？

第三，学会统筹兼顾。

抓住主要矛盾的同时，不能忽略次要矛盾。毛泽东在谈到领导班子的工作方法时，形象地用弹钢琴来打比方：十个指头都要动，还要分轻重缓急，才能弹出美妙动听的音乐来。所以，我们要学会统筹兼顾，恰当地处理次要矛盾，学会“弹钢琴”。我们在集中力量抓主要矛盾的同时，决不能忽视次要矛盾，要注意解决好次要矛盾。如果把主要矛盾看成唯一的矛盾，搞“单打一”，不可能把工作做好。如改革开放三十年来，中国经济的腾飞世界瞩目。不能忽视的是，物质文明大幅提高的同时，精神文明的建设也需要进一步加强。特别是青少年的价值观、人生观还需要加强教育。只有两手同时抓，才能真正建设好有中国特色的社会主义。

单打一

学习主次矛盾的相互关系原理，要求我们看问题、办事情既要善于抓住重点，又要学会统筹兼顾。

（二）学会把握矛盾的主要方面

第一，认清主要方面和次要方面的关系。

在复杂的矛盾系统中，每一种矛盾都是不平衡的，存在着主要矛盾和次要矛盾。无论是主要矛盾还是次要矛盾，矛盾的两个方面也是不平衡的，存在着矛盾的主要方面和次要方面。

矛盾的主要方面，是指在矛盾的两个方面中，居于主导和支配地位的矛盾方面；矛盾的次要方面，是指居于被支配地位的矛盾方面。矛盾的主次方面，处于不同的地位，对事物起不同的作用。事物的性质主要是由取得支配地位的矛盾的主要方面决定的。矛盾的主要方面发生了变化，事物的性质就会发生变化。

矛盾的主要方面与次要方面在一定条件下可以相互转化。在矛盾的发展过程中，矛盾双方力量的对比会发生变化。随着矛盾主要方面和次要方面的变化，事物的性质也就随之发生了变化。

第二，学会抓主流。

矛盾的主要方面和次要方面是辩证统一的关系。矛盾的主要方面决定着事物的性质，但是矛盾的次要方面也对事物的性质和发展进程具有一定的影响。由于矛盾的主要方面和次要方面在一定条件下可以互相转化，因此我们应当用发展的、联系的观点看问题。既应该创造条件促使矛盾向有利的方向转化，也应该防止矛盾向不利的方向转化。

相关链接

改革开放以来，我国取得了举世瞩目的成就，综合国力得到极大地增强，人民生活总体上达到小康水平。因此，成绩是主要的，是主流，是矛盾的主要方面。然而，在经济发展的同时，社会上也滋生了严重的腐败现象。应当承认，腐败现象相对于我们所取得的巨大成就来说是次要的，是支流，是矛盾的次要方面。但是，如果我们不坚决进行反腐败的斗争，就会影响党在人民群众中的威信，影响社会主义现代化建设的顺利进行，影响社会主义制度的巩固。因此，我们必须将反腐倡廉作为“关系到党的生死存亡的大事”来抓。

矛盾主次方面的相互关系原理要求我们，看问题时既要全面，又要善于分清主流和支流。对于矛盾的两个方面，必须抓主要方面，而不应将矛盾的两个方面平分秋色、等量齐观。否则，就会犯折衷主义的错误，不能认识事物的本质和主流。

相关链接

数学家的遗憾

著名的心算家阿伯特·卡米洛每天晚上都站在一个台子上，请台下的观众给他出题，他来接受挑战。这位天才的心算家还从来没有被别人难倒过。一天晚上，一位先生走上台来，什么都没说，便出起题来：“一辆载着 284 名旅客的火车驶进车站，这时下来 86 人，又上去 63 人。”阿伯特·卡米洛很轻蔑地笑了。“在下一站下去 47 人，上来 176 人。”这位先生又做了补充。心算家付之一笑。“在下一站下去 35 人，上来 91 人”，这位先生说得飞快，“在下一站下去 73 人，上来 49 人；再下一站下去 13 人，上来 27 人；再一站下去 45

人，仅仅上来8人；在再下一站下去12人，又上来5人。”“完了吗?”心算大师很同情地问他。“不，请您接着算!”先生摇着脑袋接着说，“火车继续往前开。到了下一站又下去186人，上来157人；再下一站下去32人，上来46人。”这时，出题人回答，“完了，卡米洛先生!”心算大师不屑一顾地向下咧咧嘴角，问道：“你现在就想知道结果吗?”“那当然”，主考人点头，微笑着说，“不过我并不想知道车上还有多少旅客，我只想知道，这趟列车究竟停靠了多少个车站?”阿伯特·卡米洛，这位著名的心算家顿时呆住了。

议一议：那位先生为什么能把心算家难住了?

第三，抓主要方面的同时，不能忽视次要方面的发展。

我们在强调抓矛盾主要方面的同时，并不等于可以忽视矛盾的次要方面。矛盾的次要方面虽然不能决定事物的性质，但它影响和制约着矛盾的主要方面，并且可能转化为矛盾的主要方面。一个人有了缺点，哪怕是很小的缺点，如果不引起重视，不加以克服，发展下去就可能变成大错，支流就会变成主流。因此，对于缺点和错误，一定要防微杜渐，使它在萌芽状态就能及时得到克服和纠正，防止不利于个人成长的矛盾主次方面的转化。

相关链接

从前，有一个妇人很溺爱她的儿子。在她儿子五岁的时候，有一天，她带儿子去集市上买苹果，买完苹果回家后，却发现儿子的口袋里有个橘子。很明显这个橘子是儿子偷拿回来的。妈妈不但没有批评儿子的这种不良行为，反而说：“我的儿子真聪明、真能干。”儿子得到妈妈这样的鼓励后，慢慢地胆子越来越大，偷的东西越来越广、越来越多。终于有一天，被抓后，被判了死刑。在处决的前一天，法官问他有什么请求。他说：“我希望明天能见我妈妈最后一面。”第二天，法官让人把他的妈妈带到了他即将要被处决的地方。他说：“妈妈，我想在临死前和您说句悄悄话。”当他的妈妈把耳朵贴近他的嘴边时，他一口咬下了他妈妈的右耳。他说：“妈妈，如果你对我小时候的错误不是纵容而是即时教育纠正，今天我就不会是这样的下场。”

议一议：这个小故事里，我们能悟出什么道理?

（三）坚持两点论，突出重点论

学习了矛盾的有关原理，我们就要在工作中既坚持两点论，又要突出重点。

所谓坚持两点论，就是要全面地看问题。它包括以下几层意思：一，在一个复杂的矛盾系统中，要全面把握各种矛盾，包括主要矛盾和次要矛盾；二，在一个具体矛盾中，要全面把握矛盾的主要方面和次要方面；三，要全面把握矛盾的属性，既看到矛盾的斗争性，又看到矛盾的同一性；四，要全面把握矛盾在事物发展中的作用，既看到内部矛盾，又要看到外部矛盾。

所谓坚持重点论，就是要善于抓住主要矛盾、抓矛盾的主要方面。在认识复杂事物时，着重把握它的主要矛盾；在认识每一矛盾时，着力把握矛盾的主要方面。只有做到这一点，我们干工作、办事情才会少走弯路，效果显著。

二、学会具体问题具体分析

矛盾的理论是唯物辩证法的基本理论，我们学习了这一理论后，还应该掌握矛盾分析的方法，并将之运用到实际当中去。

所谓矛盾分析法，就是运用对立统一的观点观察事物、分析矛盾、解决问题。矛盾分析法是我们认识世界和改造世界的最基本的方法。之所以如此，是因为世界是由矛盾组成的，认识世界就是认识矛盾，改造世界就是解决矛盾，使事物向着有利于社会进步和人类生存的方向发展。

矛盾分析法的基本内容，既包括对人、对己、对事进行“一分为二”的全面分析，包括把握事物的重点和主流，又包括具体问题具体分析。具体问题具体分析，是矛盾普遍性和矛盾特殊性原理的方法论要求。

所谓具体问题具体分析，就是要在矛盾普遍性原理的指导下，具体分析矛盾的特殊性。这是马克思主义的一条重要原则。

（一）具体问题具体分析，是我们认识事物的基础

大千世界五彩缤纷、千姿百态，就是由于它们各自具有矛盾的特殊性。矛盾特殊性规定了一事物与其他事物区别的本质。因此，我们只有从实际出发，分析事物的具体矛盾，把握矛盾的具体特点，才能认识事物，把握事物发展的规律。把不同的事物区别开来，是一切认识的起点。否则，一切事物都混沌不分，还何谈认识事物呢？

在我国历代文学宝库中，歌颂祖国壮丽河山的作品可谓浩如烟海，然而，后人仍可以从各不相同的描述中区分出特定的环境来：“天苍苍，野茫茫，风吹草低

见牛羊”，讴歌的是辽阔雄浑的北国草原；“日出江花红胜火，春来江水绿如蓝”，描绘的是风景绮丽的江南春色。一部《水浒传》，把一百零八将的典型形象描写得各个有血有肉、栩栩如生，读者完全可以凭借人物各自的特殊性，把他们区别开来。

（二）具体问题具体分析，是正确解决矛盾的关键

认识世界的根本目的是为了改造世界，而改造世界就是解决矛盾。事物的矛盾各个不同，因此解决矛盾的方法必然也各不相同。正如俗语所说：“一把钥匙开一把锁。”不同性质和不同特点的矛盾，需要用不同的方法来解决，这样才能把工作做好。

要找到解决问题的正确方法，就要把握具体事物的特殊性，有针对性地提出解决方案。只有分析矛盾的特殊性质，才能把握事物的本质。没有这个前提，就会“两眼一抹黑”，找不到解决问题的办法。

我们要搞好教育工作，首先要了解受教育的对象，即了解他们的家庭背景、交往范围、知识水平、思想素质、兴趣爱好等，有针对性地进行教育活动。其次，根据矛盾的不同特点采取不同的解决方法。如果用相同的方式处理不同的矛盾，只能事倍功半甚至事与愿违。

相关链接

据《三国志·华佗传》记载，州官倪寻和李延都患头痛、身热，便一同请华佗看病，华佗检查后，却给他们开了不同的药。两人惊讶地问：我们的症状相同，开的药为什么不一样？华佗解释说：倪寻的病是内部伤食引起的，而李延的病是外部受寒引起的，因此，治疗的方法不同。两人回去按方服药，果然病都好了。

（三）具体问题具体分析，对于我们的学习和生活具有重要的指导意义

邓小平提出的“一国两制”方针，指引香港和澳门顺利回归祖国，为实现中华民族的最后统一奠定了坚实的基础。“一国两制”战略的提出，体现了具体问题具体分析的思想方法。在中华人民共和国建立初期，毛泽东、周恩来就提出了和平统一祖国的思想。但限于当时的国际形势，这种想法不可能实施。后来，邓小平分析了新的历史条件，认为中国可以实现和平统一，并提出了“一国两制”的伟大构想。由于邓小平坚持具体问题具体分析的原则，深刻洞察了国际环境和中国国力的变化，

因此才能在新的形势下创造出和平统一祖国的“一国两制”的新模式。

所以，具体问题具体分析，也是我们每个人在工作和学习中必须坚持的一项原则。

对待学习，要分析各个学科的特点，采取不同的学习方法。比如，学习外语单词，需要巧记；对数理化的符号和公式，应该在理解的基础上去记忆，否则就不能灵活运用。对待工作，要根据不同的情况，分别轻重缓急，分析每项工作的特点和条件，恰当地处理各种问题，而不能不分主次、千篇一律。

相关链接

巴西的糖葫芦大王

曾志航从职高的外贸英语专业毕业后，找不到工作，只好回到老家帮父亲卖冰糖葫芦。2008 年年底，他办理了去巴西的出国劳务签证，和 40 多名工友一起来到里约热内卢的一家建筑工地工作。

到巴西没几个月，曾志航开始经常拉肚子，去医院检查后，诊断结果犹如晴天霹雳：他患的是直肠癌。几万元劳务中介费还没有挣回本儿，自己就不能干活了，曾志航无比沮丧。这个 1.8 米的大汉，拿着诊断书大哭起来。

医生建议尽快做手术，以免癌细胞扩散。由于曾志航买了当地的医疗保险，他住进了里约热内卢的圣保罗医院。父母得知儿子病重的消息，趁第二批去巴西的民工快要动身时，母亲挑选最大最红的山楂，做了 20 支糖葫芦给儿子带去。很快，第二批民工到达里约热内卢。曾志航收到那 20 支糖葫芦时，几乎要哭了。他把其中 5 支糖葫芦分送给护士和病友们。令他惊讶的是，每个人都对这来自东方的红果子好奇，不断问他又酸又甜的红果子是什么，怎么做的。这让曾志航眼前一亮：在里约热内卢卖糖葫芦，说不定能赚大钱。于是，他把剩下的 15 支糖葫芦收到柜子里。

医院附近有一个很有名的里尔德加农贸市场。第二天早晨，曾志航来到市场，他向小贩要了一块白色塑料泡沫，把冰糖葫芦整齐的插在上面，然后，用西班牙语叫卖：“糖葫芦，糖葫芦，来自中国的糖葫芦。”路过的人都被这唯一的中国“小贩”和他那奇特的糖葫芦所吸引，你买一支，我买一支，十多分钟，15 支糖葫芦就卖完了。每支 5 雷亚尔（巴西当地货币），折算成人民币赚了近三百元。曾志航觉得天比平时亮了许多，他似乎找到一条致富之路。

直肠手术很成功，术后半个月，曾志航出院了。身体状况不允许他回到工地，他只好和公司解除劳务合同，这也坚定了他做糖葫芦生意的决心。国内的父亲很支持儿子的想法，在家乡一家糖葫芦厂定制了2000支质量上乘的无核糖葫芦，委托一家外贸代办公司发运到巴西。曾志航喜滋滋地去海关提货，一开箱，却傻眼了：经过长途运输，糖葫芦上的结晶糖已经融化，把山楂紧紧地粘在包装袋上。这一来，曾志航亏了7000元钱。曾志航不甘心就此认输。当务之急，是如何克服眼前的困难。既然运输成品糖葫芦不行，那么，就运原料来巴西，然后自己加工。他说服父亲，再发运2000公斤山楂和10000支竹签。他在里约热内卢租了一间小屋当作坊，把一台烧烤箱改装成糖槽，两块西式锌板面案改装成滚糖的砧板，批发来100公斤红糖白糖，还用南美苜蓿草扎了一个精美的糖葫芦架子，万事具备，只等山楂到埠。

2009年9月初，山楂发运到港口，曾志航雇了大卡车去港口提货，却突然接到海关的一纸通知：这2000公斤山楂，属于活性外来植物果实，违反巴西国家《外来动植物检验保护法》，因此将被依法销毁，并要缴纳215美元的销毁费用。

再次受挫，曾志航身上已经身无分文，必须打工挣钱。他按照报纸上的广告，来到一家老人院，应聘做护理员。曾志航的第一位服务对象，是一位体重200多斤的老人，由于女护理员抬不动他，已经有好多天没洗澡。曾志航把吃奶的劲都拿出来，把老人背到卫生间洗了个痛快的澡。老人很感动，就跟曾志航闲聊起来。这位老人名叫麦卡恩，退休前是一位律师。曾志航向他打听有关巴西动植物进口方面的知识。麦卡恩当即打电话向一位在海关工作的律师同行咨询。曾志航从中了解到，一些国家禁止外来动植物入境，是防止外来生物对本地动植物生长环境造成破坏，如果外来动植物被证明已经不能够繁殖繁育，那么就不违反法律。这句话启发了曾志航：如果把山楂核儿去掉，那么就失去了繁育的能力，只进口山楂肉儿，那一定不违反法律了。吸取上两次莽撞的教训，这次他专门去海关检验局咨询，得到了肯定的答复。于是，他提出了关于进口山楂肉的书面申请，很快就得到动植物检验局的批准。

看到儿子经过两次失败，父亲不想再让他做亏本买卖。无奈之下，曾志航只好找朋友帮忙。曾志航把打工挣来的1500美元邮给朋友，请他向糖葫芦厂订购200公斤去核山楂。可是那位朋友收到汇款后，就关了手机，再也联系不上了。这让曾志航懊恼不已。这时，曾志航想到一个词儿“无本生意”。他十分郑重地给糖葫芦厂写了一份报告，详细说明了在巴西开辟糖葫芦市场的可行性，指出双方长期合作的前景。他如实地说明自己前几次失败的原因，希望对方能给自己赊销100公斤无核山楂。令他喜出望外的是，糖葫芦厂答应了曾志航的请求，如数发运了100公斤特级无核山楂。曾志航收到货后，加班加点制作糖葫芦，第一批货很快出炉，市场反应奇好。只半天功夫，200支糖葫芦就卖完了。不到一个星期，100公斤的山楂全部卖完，他算了一下，净赚2000美元。曾志航第一时间把货款打给糖葫芦厂，对方见曾志航信守承诺，马上补发了1000公斤去核山楂。曾志航雇了5名中国留学生，让他们负责穿串、包装等工序，自己则负责加工制作，昼夜赶工，几乎每天只睡两三个小时觉。

一个月后，凭着这1000公斤山楂，曾志航赚到了人生的第一桶金。从那以后，糖葫芦生意一发不可收。曾志航租了一间冷库存放山楂，在当地政府办理了生产许可证和商标，租下了一件临街门市房，大张旗鼓地干了起来。当地一些小贩见这个生意好做，便纷纷要求从曾志航这里批发糖葫芦。于是，曾志航又雇了12名员工，并且培训了几个技工，成批量生产糖葫芦。然后批发给当地小商贩。

仅仅半年时间，曾志航的糖葫芦就批发到巴西各大城市，连海边的烧烤摊上，也摆着他的糖葫芦。那酸甜美味的小红果儿，征服了无数巴西人和来自世界各地的游客。曾志航也很快鸟枪换炮，购置了四辆大卡车，一辆福特轿车，在巴西里约热内卢购买了一处花园别墅，圆了自己的富翁梦。事业得意，爱情之树也开花结果，曾志航和一名女留学生坠入了爱河。事业、爱情双丰收，曾志航有一种做梦的感觉。

细细回顾走过的路，面对几次绝境，曾志航都是靠着坚定的信念，以一种与困难“死磕到底”的精神，最终迎来了光明。对此，他自嘲道：“其实我并不聪明，只是在最绝望的时候去冷静地寻找解决之道，最好的机会往往就在危机之中。”

议一议：曾志航为什么能取得今天的成功？

三、坚持唯物辩证法 反对形而上学

唯物辩证法与形而上学是根本对立的，二者的对立主要表现在以下几个方面。

（一）联系的观点与孤立的观点的对立

唯物辩证法主张用联系的观点看问题。它认为，一切事物都是相互联系的，整个世界处于普遍联系之中。所以，要把事物放在普遍联系之中来全面考察，既要看到事物的内部联系，又要看到它与周围事物的联系。形而上学则主张用孤立的观点看问题，它认为，世界上的一切事物都是彼此孤立、互不联系、毫不相干的，任何事物的性质和状况都不受周围环境的影响。用这样的观点看问题，必然是只见部分不见整体，只见树木不见森林，只见一个个孤立的事物而看不见事物的整体。

相关链接

幸福的沸点

阿华是我的朋友圈中最成功的一个，资产千万元，生意涉及国内各大城市，一年中多半时间都在天上飞，别说我们，他太太想见他一面都难。那天，难得他清闲，请我们去玩。在郊县的景区，他包下一幢别墅，任我们疯狂折腾。山野空气清新令人沉醉，大家兴致勃勃，钓鱼、烤肉、打牌、跳舞，玩得不亦乐乎。唯独他，电话一个接一个，时而为员工的错误暴跳如雷，时而为迟迟未至的贷款说尽好话，时而又对不良官员的刁难曲意逢迎。虽说是出来游玩放松，可眼前的欢声笑语美景如画，他却充耳不闻、视而不见。他那么烦躁，在草地上来回踱步，犹如困兽。我拉他聊天，他仍然处于焦虑之中，无法平静。他说："贮存的原材料一跌再跌，客户被同行抢走，仓库意外失火损失惨重，儿子没有考上大学。总之，一切都不如意。"他的目光移向远处那帮玩得尽兴的人，感叹说："我愿意和你们在一起，就是希望能被你们的快乐感染。你看，你们都是幸福的人。"我感到非常诧异，在我们眼中，他是标准的成功人士，名车豪宅，珍馐佳肴，随时可以去任何想去的地方，从来不用为钱伤脑筋。可是，他竟然不幸福。

我一时失神，想起我们小区的保洁员。她五十多岁了，负责6幢楼的卫生。每天早上6点钟上班，拖地板，擦楼梯扶手和健身器材，清理垃圾，很辛苦。有一次和她聊起天，她说，老公在快递公司上班，赚钱不多，但对她体贴入微；儿子读高三，成绩不错，体谅父母赚钱不易，非常节俭；婆婆身体不好，但也能帮她做做家务，回家有口热饭吃，很不错了。一天中最幸福的时刻，就是晚饭时，一家人围着桌子，热热闹闹地吃饭。她皮肤黑红，脸色暗淡，廉价的衣服洗得发白，一看就知道生活艰辛生存不易。可是说这些话时，她笑着，眼里放出光芒，幸福和满足溢于言表。

幸福也是有沸点的。每个人的境遇不同，有的人需要 100 ℃才能彻底释放幸福的清香，而有的人，也许只要 30 ℃，便能将幸福浸泡出芬芳四溢的香味。我的朋友阿华生活富足，人生畅意，可他的幸福沸点也因此而提高了。名车豪宅，甚至环球旅行，也不能将他的幸福烧沸。而那位保洁员，她日子清贫，对生活没有更高的要求，反而降低了幸福的沸点。对她而言，幸福不过是一碗红烧排骨，或者晚饭后与爱人散步聊家常话。一个人是否幸福，并不取决于你钱财的多少，而更多由你的沸点高低决定。所谓快乐，无非是把幸福的沸点降低一些，再降低一些。

议一议：我们眼中的成功人士阿华为什么不快乐?

（二）发展的观点与静止的观点的对立

唯物辩证法主张用发展的观点看问题。它认为，世界上没有一成不变的东西，一切事物都是运动、变化、发展的，都有其产生、发展和灭亡的历史，都有其过去、现在和未来。研究任何问题，既要看到它的现在，又要看到它的过去，预见它的未来。形而上学则主张用静止的观点看问题。它认为世界上的一切事物都是静止不动、永远不变的；如果说有变化，也只是数量的增减或场所的变更，不会有质变，不会有旧事物的灭亡和新事物的产生。用这种观点来考察事物，必然是只见现在、不见过去和未来，只见一个个孤立的片段、不见总的过程。

相关链接

有一个楚国人出门远行。他在乘船过江的时候，一不小心，把随身带着的剑落到江中的急流里去了。船上的人都大叫：“剑掉进水里了!”这个楚国人马上用一把小刀在船舷上刻了个记号，然后回头对大家说：“这是我的剑掉下去的地方。”众人疑惑不解地望着那个刀刻的印记。有人催促他说：“快下水去找剑呀!”楚国人说:“慌什么，我有记号呢。”船继续前行，又有人催他说:“再不下去找剑，这船越走越远，当心找不回来了。”楚国人依旧自信地说:“不用急，不用急，记号刻在那儿呢。”直至船行到岸边停下后，这个楚国人才顺着他刻有记号的地方下水去找剑。可是，他怎么能找得到呢。船上刻的那个记号是表示这个楚国人的剑落水瞬间在江水中所处的位置。掉进江里的剑是不会随着船行走的，而船和船舷上的记号却在不停地前进。等到船行至岸边，船舷上的记号与水中剑的位置早已风马牛不相及了。这个楚国人用上述办法去找他的剑，不是太糊涂了吗?

他在岸边船下的水中，白费了好大一阵工夫，结果毫无所获，还招来了众人的讥笑。

议一议：那个楚国人为什么没有捞到掉在江里的剑?

(三) 全面的观点与片面的观点的对立

唯物辩证法主张用全面的观点看问题。它认为，任何事物都包含着矛盾。所以，要从矛盾的两个方面看问题，坚持全面性，克服片面性。形而上学则用片面的观点看问题。它否认事物的矛盾，必然是强调一方而忽视另一方，把事物的一个方面、一种属性绝对化。

唯物辩证法与形而上学最根本的分歧，就在于是否承认矛盾，是否承认事物的内部矛盾是事物发展的源泉。唯物辩证法认为，矛盾是事物发展的动力，事物的内部矛盾是事物变化发展的根本原因，因而能够用联系的、发展的、全面的观点去观察事物。而形而上学则否认事物的内部矛盾的存在，把事物变化的原因归结为外部力量的推动，当然也就看不到事物的联系、变化和发展，更看不到旧事物向新事物发展的飞跃、质变。

总之，唯物辩证法的根本观点是承认矛盾，主张用联系的、发展的、全面的观点看问题；形而上学则否认矛盾，主张孤立地、静止地、片面地看问题。只有坚持唯物辩证法，反对形而上学，才能真正坚持一切从实际出发、实事求是。坚持辩证法与坚持唯物主义是统一的。逐步树立和掌握辩证唯物主义的世界观和方法论，可以使我们在学习和工作中避免或减少失误，少走弯路，在建设中国特色的社会主义伟大事业中发挥更大的作用，作出更多的贡献。

相关链接

印度女佣的开心生活

普嘉是我家的印度女佣。她刚过30岁，丈夫早逝，她独自抚养着3个小孩。她的住处是间老旧的水泥平房，却是我见过的几名女佣、司机与守卫的住处中，唯一拥有双人床和电冰箱的。

普嘉的住处与许多经济条件不好的印度人一样，室内都没有厕所与水龙头。在公用水龙头前排队取水，普嘉早已习以为常。唯一担心的是遇到公用水龙头也无水可取的窘境。普嘉初来家里应征时，就提出每天带一瓶过滤水回家的请求。雨水也成为普嘉的用水来源之一。天空被乌云占领时，往往就是普嘉的请假日，她将家中大大小小的容器放在屋内与屋外盛接雨水。她说到这时，完全没有因为屋内漏水而有任何的尴尬，反而有一种蒙受老天眷顾的窃喜，真是不折不扣的“自来水”。她5岁的小儿子早已训练有素地脱光衣服，溜到屋外享受难得的天然淋浴。每当我抱怨下雨天影响到外出行程时，有一群像普嘉这样的人正以欣喜的心情，迎接造物者的美意。

台湾地区的一般家庭都会丢弃的苹果皮、烂菜叶、胡萝卜头、葱尾等，她都会高兴地打包回家。刚开始，我以为她是搜集去当堆肥。没想到，她喜滋滋地告诉我，她的小孩很喜欢吃苹果皮。我心里顿感五味杂陈。普嘉对物资的珍惜，让她即使处在一个经济拮据的环境，也容易保持乐观与知足，这似乎是很多印度人的写照。

印度社会，物质环境比不上欧美先进国家，但其人民的“快乐指数”调查却名列前茅。普嘉从事的是清洁工作且收入有限，但是对自己的服装仪容仍很重视。每天早晨总是精心打扮如赴一场盛会，她会穿着传统的印度服装，佩戴首饰，盘起头发，画上淡妆。进行清扫工作时，她会换上工作服，身上所有的配饰，除了耳环外，都会卸下。虽然汗水总湿透她的衣服，弄花了她脸上的妆，她仍旧每天早晨盛装出现，从不例外。这真是验证了印度人爱美与爱面子的特性，即使是在路旁挑砖担瓦的印度妇女，身上也少不了金光闪闪的配饰。相形之下，一件T恤与牛仔裤就出门的我可就逊色多了。前几天，我拿着数码相机对小狗拍照，普嘉正好在旁边，我便与她分享照片。她用手指了指相机，用期待的口气探询着说：“我的孩子们。”照相这事对普嘉这样的印度家庭来说，并不是件容易的事。于是，我便选了个孩子们不用上课的午后到她家。普嘉欢喜地招呼略带害羞和紧张的孩子们一起入镜。他们像在参加升旗典礼似的规矩地站着，但我知道孩子们是开心的。昨晚普嘉要离开时，我将印出的照片交给她，顺便也将我们吃不完的饼干和巧克力转送给她。她抱着每天都必须带回家的一瓶水、拿着礼盒与照片，脸上洋溢着喜悦。我似乎可以看见，在印度新德里的马路上，飞奔着一位急于回家与孩子们分享喜悦的母亲。

议一议：为什么普嘉每天都能活得如此充实而快乐？

思考与训练

一、选择题（有几个正确答案就选几个）

1. 矛盾的两种基本属性是（　　）

A. 同一性和斗争性　　B. 普遍性和特殊性

C. 物质性和客观性　　D. 对抗性和非对抗性

2. 下列选项中，体现矛盾双方统一性的有（　　）

A. 月晕而风，础润而雨

B. 祸兮福之所倚，福兮祸之所伏

C. 物极必反，否极泰来

D. 波浪式前进，螺旋式发展

3. 中科院院士何祚庥教授指出：“我以为对老祖宗的东西不能毫无批判的照搬。而现在的传统文化热中就存在盲目照搬的倾向，如《周易》热，气功热就很明显。《周易》讲的一些哲学观是可取的，但他的占卜术就是糟粕，不能在今天还奉为科学。传统气功对锻炼身体是有好处的，这是精华。但是，在传统气功名义下有很多东西是迷信和愚昧的，现在把这些东西当作科学的东西，全盘接受，运用到现实生活中就不可取。”这段话体现的哲理是（　　）

A. 事物都是一分为二的　　B. 必须对具体问题具体分析

C. 坚持两分法，反对“一点论”　　D. 抓主要矛盾

4. 大凡那些在事业上达到巅峰而后来又跌入低谷的人，其失败之由往往并非短处所致，而恰恰是长处为他挖掘了人生的“陷阱”。因为这些长处使他获得过成功，于是骄傲起来，忘乎所以，不知不觉由善变恶。这段话所蕴含的哲理是（　　）

A. 事物都是一分为二的

B. 主要矛盾和次要矛盾双方在一定条件下可以相互转化

C. 矛盾的主次方向在一定条件下可以相互转化

D. 矛盾的主要方面不同，事物的性质就不同

二、分析题（下列语句各蕴含着什么哲学道理？）

1. 没有矛盾就没有世界。

2. 世界上没有两片完全相同的树叶。

3. 对症下药，量体裁衣。

4. 牵牛要牵牛鼻子。

5. 一把钥匙开一把锁。

6. 分清“九个指头”和“一个指头”

7. 塞翁失马，安知非福。

8. 失败是成功之母。

三、简答题

1. 举例说明内因和外因的作用。

2. 矛盾的普遍性与特殊性的区别与联系。

四、论述题

1. 某地方卫视曾播出过一档《非诚勿扰》的相亲类节目，某期节目中有位女嘉宾说过这样的话：“宁可坐在宝马车里哭泣，也不愿坐在自行车的后架上微笑。”此语一出，引起了社会的广泛争议。女嘉宾因此而名声大噪，频频亮相于一些电视节目。但随后不久，她的节目遭到了广电总局的封杀。你是如何看待这一现象的？

2. 阅读下面的故事，议一议，我们应该如何面对身边的各种矛盾，走出自己坚实的人生之路？

全职奶爸帮妻圆梦

大卫德是美国费城小有名气的摄影师，然而，他却在事业风生水起时选

择“隐居”在家，做一个“全职煮夫”，将摄影事业当作兼职。面对一片叹息，大卫德不以为然，没有什么比支持妻子追寻梦想更重要了，这点牺牲算得了什么？

大卫德曾以为，妻子很热爱那份护士的工作，当安德拉吞吞吐吐地说出想当土木工程师时，他除了吃惊，更多的是为她的理想感到骄傲。安德拉对自己的理想一直犹豫不决，丈夫的事业做得非常出色，这个家需要她来打理，没有更多的时间和精力去实现梦想。安德拉的顾虑，大卫德怎会不明白？他不想拖安德拉的后腿，每个人都有追寻梦想的权利。

在一次家族聚会上，他对安德拉说：“宝贝，谢谢你这两年来对我和这个家的付出，没有你的支持，我的事业不会这么顺利。从今天起，请你把家务活都交出来，你只管努力去实现你的理想。”安德拉惊讶地说不出话，那神情让大卫德想起他向她求婚的情景。

大卫德说到做到。他主动包揽了洗衣做饭等家务活，空闲时就帮安德拉在网上筛选学校，查找学习资料，经过一年的刻苦学习后，安德拉如愿以偿拿到芝加哥大学土木工程系的录取通知书。正当两人沉浸在无比的喜悦之中时，安德拉收到医院的体检化验单。夫妇俩看着化验单心情复杂万分，他们有小宝宝了。“我想我应该留下来，孩子你可应付不了。”尽管离理想仅一步之遥，作为母亲的安德拉还是决定选择家庭。此刻，大卫德比安德拉更犯难，他深知育儿的不易，也渴望再次回归到自己的事业。但一想到曾被妻子视为遥不可及的梦想被她一步步变为现实，如今近在咫尺却要放弃，他心有不甘。他安慰她说：“亲爱的，别犯愁，对我们来说，这都是好事。”对啊，原本都是好事，却为何让他们左右为难？晚上，大卫德躺在床上，辗转反侧，他能体会到妻子的心情，既然她只能选择其一，自己何不帮她完成另一件呢？四年时间咬咬牙就过去啦，对妻子来说，却影响着一辈子。

清晨，安德拉在厨房为丈夫精心准备早饭，大卫德从后面轻轻抱住她说：“孩子出生后，你继续去完成学业，家里有我这个全职奶爸，你就放心吧。”安德拉看着丈夫，泪水满眶。孩子出生后，大卫德很快就适应了奶爸的角色，他对儿子的悉心照料不亚于任何一位母亲。他最大的梦想是待妻子学成归来，一家三口幸福地生活在一起，再也不分开。

圣诞将至，安德拉答应丈夫，学校一放假，就坐最早的一班飞机回来。那天，大卫德早早起床，精心装扮一番后才出门。可刚到机场，他就接到安德拉打来的道歉电话，她突然接到一个重要的研究项目，回家的计划泡汤了。大卫德再也控制不住自己的情绪：“你的研究项目就那么重要？比在圣诞节与老公和孩子团聚更重要？我在家不停操劳，就期盼着这短暂的相聚。你难道不期待吗？”安德拉听到大卫德的抱怨，突然意识到，对于丈夫的一再包容和让步，自己已从最初的不尽感激渐渐视为理所当然。对于一个原本事业有成的男人来说，这些牺牲的背后，需要多大的勇气啊。

热闹的圣诞节街头，大卫德漫无目的地闲逛着，手机里有20条新留言，全都来自安德拉。回家后，寂静的空气让他突然有了想哭的冲动。但看到怀中熟睡的儿子，大卫德心里突然温暖起来。他明白，这暖意来自他对儿子的爱。在自己忙事业的时候，安德拉从未抱怨过，那是因为她心里也装着满满的爱。大卫德给安德拉打去电话：“亲爱的，对不起。我爱你。”安德拉在接到电话的那一刻已经泣不成声：“等着我，明早我就回来。”

四年后，安德拉以优异的成绩毕业。大卫德牵着儿子专程赶来参加她的毕业典礼。上台发言时，安德拉数度落泪：“当我在理想前却步时，我的丈夫舍弃了自己的兴趣和事业，全力支持我。我们的儿子已经4岁，我一直没机会好好照顾他。多亏有丈夫，我才能实现自己的理想。最重要的是，我们一家三口终于可以生活在一起了。”看着梦想成真的妻子，还有身边为妈妈不停鼓掌的儿子，大卫德有一种前所未有的成就感：“当摄影师可从没这么过瘾。能跟妻子一起分享成功的快乐才是爱的终极表现。”

第五章

坚持实践第一的观点

——在实践中求索人生的真谛

本章导学

实践的观点是辩证唯物主义认识论首要的和基本的观点。了解实践的特征、形式及其在认识中的作用，是学习马克思主义认识论的入门。实践、认识、再实践、再认识，这种形式循环往复以至无穷，而实践和认识的每一循环的内部都比较地进到了高一级的程度，这是认识发展的总规律。真理是对客观事物及其规律的正确反映。真理是客观的、真理是发展的、真理与谬误相比较而存在、相斗争而发展。坚持真理，修正谬误，是认识的需要，更是实践的需要。

二三百万年前，地球上产生了“万物之灵”的人类，从那时起就有了人类的认识。今天，我们比起远古的祖先已经是知识的巨人了，但是在大自然的奥秘面前，我们还只能算个小学生。爱因斯坦说：“用一个圆周代表我所学到的知识，但是圆周之外是那么多的空白，对我来说就意味着无知。而且，圆周越大，周长就越长，与外界空白的接触面也就越大。由此可见，我感到不懂的地方还大得很呢！”那么，人的认识是从哪里来的？人的认识的过程又是怎样的？什么是真理性的认识？怎样才能获得真理性的认识？真理是不是可以穷尽的？要回答这些问题，我们就要认真学习马克思主义认识论，了解实践的特征、形式及其作用，了解认识发展的辩证过程，从而把握真理性认识的特征和标准。实践的观点是马克思主义认识论中第一位的观点，作为未来的幼儿教师我们要勇于实践、善于总结、开拓创新，在认识世界和改造世界的实践中认识真理、坚持真理和发展真理。

第一节 实践出真知

情景案例

班委会要改选了。现任班长小张已连任两届，按照班规不能再当选。由谁担任新班长更合适呢？大家把眼光投向几个老班委，她们几个都跃跃欲试，大有舍我其谁的气势，班上那几个活跃分子也站了出来。演讲一个接着一个，掌声、欢呼声一浪高过一浪。在这热烈的气氛中，小王同学从后排大步走上讲台，热闹的教室一下安静下来，一些同学窃窃私语：难道她也想参加班长这个职位的竞争？是的。只见小王慢慢地展开稿纸，做了一个深呼吸，微笑地看着同学们说："我太紧张了，能不能给点掌声鼓励鼓励！"掌声"哗"的响了起来。"谢谢大家！我要竞选的职位是本班班长，这是我想了很久才做出的决定。大家知道，我从小没有爸爸妈妈，是外婆把我带大的，我自尊但又自卑，怕大家瞧不起，遇事退缩，不敢上前。我从来没有当过班干部，但我渴望有一个为同学们服务的平台，渴望有一个磨练自己的平台。我知道，我的普通话说得不好，语言表达能力又不强，但我愿意与大家用真心换真心，同时我要努力提高普通话水平，在今年的普通话测试中力争一级乙等；我也知道，我不是很能干，但我愿意拜每一位同学为师，在实践中长才干，努力提高为同学们服务的能力。同学们！如果我当了班长，我将尽我所能，在老师的帮助下，带领我们班在省幼师留下流光溢彩的篇章。请相信我，我能行！"最后，同学们把机会给了小王，小王没有让同学们失望。所在班级被学校授予优秀班集体，她本人被授予优秀毕业生。几年后，当年的小王已经成长为一所示范幼儿园的园长。

议一议：当年的小王只是一个普通的幼师学生，她与我们的同桌没有什么差别，今天的小王以一个成功者的形象多次回母校招收毕业生。小王的成功可以复制吗？从小王的成长过程中，我们感悟了什么样的人生哲理呢？

一、实践及其形式、特点

实践，不是一个新名词，在马克思主义哲学以前就有不少哲学家使用过。但是，各个派别的哲学家对实践的解释却不相同。马克思主义哲学第一次对实践做出了科学地说明。马克思主义认为，实践是人们借助一定的手段，有意识、有目的地改造客观世界的物质活动。

（一）实践活动的基本形式

人类的实践活动是丰富多彩的，工人做工，农民种田，教师上课，医生看病，科学家做实验等，都是实践活动。我们有时把日常生活中的一些活动也叫做实践，如尝一尝，看一看，摸一摸等，但这些是不是实践呢？是的，这是生活实践，它也是人们有目的地改造客观对象的一种活动。人类的实践活动概括起来，主要有以下三种基本形式。

一是改造自然的生产实践。生存是人类的第一需要，为了生存，人们首先要解决吃饭、穿衣、住房等问题。只有生产，才有粮食吃，才有衣服穿，才有房子住，才有可能从事政治、科学、艺术等方面的活动。因此，生产实践是人类最基本的实践活动，是人类一切活动的基础。二是处理社会关系的实践。它是调整和改造社会中人和人之间关系（包括经济关系、政治关系、思想关系）的活动。在阶级社会中，人和人之间的关系主要表现为阶级关系，它影响着社会生活的各个方面。三是科学实验的活动。科学实验是近代从生产实践中分离出来的一项相对独立的实践活动，它利用仪器设备，控制实验条件，对有计划地造成的自然现象的变化做精密观察和研究，它直接或间接地服务于生产实践。科学实践的作用日益显著，已成为人们认识世界和改造世界的有力手段。

智慧而不付诸实践，犹如一朵重瓣的玫瑰，虽然花色艳丽，香味馥郁，凋谢了却没有种子。

名言

——叔本华

相关链接

殷玉珍，人称“治沙女王”，是内蒙古鄂尔多斯市乌审旗的一位普通农民。她和她的丈夫长期生活在毛乌素沙漠之中，经过20年的生态建设，种树6万多亩，在荒无人烟的井背塘荒漠中营造出一大片人工小绿洲，使自身生存条件和当地生态环境大为改观。因此，她先后获得全国“三八”绿色奖章、全国劳动模范、全国十大女杰提名奖等荣誉。

科学实验既包括自然科学领域的观察和实验，又包括人文、社会科学领域的调查和实验，具有探索性、创造性的特点。

（二）实践活动的基本特点

第一，实践是客观的物质活动。这是因为，构成实践活动的主体——人是客观的；人在实践中所运用的物质手段如生产工具、仪器设备，以及实践活动的客体如土地、原料等，都是客观存在的；实践的结果也是客观存在的。

第二，实践是有意识、有目的的自觉能动的活动，这是人类所特有的。人在行动之前，总有一定的计划，哪怕是再小的事情，事先也要策划一下，通过实践，给客观世界打上人的意识的“印记”。动物在它的生命进程中，也会以自己的活动引起自然界的某些变化，但它们的活动与人类的实践活动有着本质的区别。

相关链接

哥伦布曾是海边的一个穷孩子，他热爱大海，渴望航行，航海的梦想鼓舞着他悉心研究地理，千方百计寻找契机。他先后到葡萄牙、英国、法国寻求航海支持，但均被拒绝，后来他得到了西班牙国王的支持，率领船队四次驶进茫茫大西洋，历尽千辛万苦，终于发现了美洲大陆。

第三，实践是社会的、历史的活动。人们的实践不是孤立的个人的活动，而是社会的活动，人们总是结成一定的社会关系在既定的社会环境中从事实践活动。人类的社会实践也不会永远停留在同一个水平上，而是一个从简单到复杂、从低级到高级的永恒发展的过程。

相关链接

中国古人用算筹计算，大约在唐宋时期才有算盘。在那时，不可能有生产计算机的实践。1945 年，美国数学家冯·诺依曼主持设计出“离散变量自动电子计算机”方案，随后制造了第一台电子计算机。在短短的几十年间，电子计算机不断更新换代，电子计算机的生产迅猛发展。由于计算机广泛地应用于人类活动的各个领域，大大提高了人类的实践能力和实践水平。

二、实践是认识的基础

在现实生活中，认识与实践、知与行是有机地联系在一起的。在实践和认识的关系中，实践是认识的基础，实践对认识起决定作用。

本草家提起笔来，写道：砒霜，大毒。字不过四个，但他却确切知道了这东西曾经毒死过若干性命。

名言

——鲁迅

（一）实践是认识的来源

我们常常看到一些身怀绝技的达人。如老渔夫趴在船舱里听水声，就可以分辨水下有什么鱼群；有经验的老猎人，听到鸟叫声就可以判断是什么鸟；蛇医只要看到被蛇咬过的伤口，就能马上判断元凶是谁。他们的知识是头脑里固有的（主观唯心主义）？还是从天上掉下来的（客观唯心主义）？都不是。人的一切知识归根结底，都来源于实践，是人们实践经验的总结。我国古代“神农尝百草”的传说，就反映了这一点。世界上的植物多种多样，哪些可以吃？哪些可以治病？是人们亲口品尝后才认识到的。

你要有知识，你就得参加变革现实的实践。你要知道梨子的滋味，你就得变革梨子，亲口吃一吃。

名言

——毛泽东

相关链接

相传番茄在它的老家秘鲁和墨西哥是一种生长在森林里的野生浆果。当地人认为它有毒，吃了就会起疙瘩长瘤子，称之为“狼桃”，无人敢食。虽然它成熟时红果绿叶，鲜红欲滴，十分美丽诱人，但正如色泽娇艳的蘑菇有剧毒一样，人们还是对它敬而远之，未曾有人敢吃上一口，只是把它作为一种观赏植物来对待。据记载，16世纪，英国有位名叫俄罗达拉的公爵在南美洲旅游，很喜欢番茄这种观赏植物，于是带回英国，把它种在花园里。17世纪，有一位法国画家曾多次描绘番茄，面对番茄这样美丽可爱而“有毒”的浆果，实在抵挡不住它的诱惑，于是产生了亲口尝一尝的念头。因此，他冒着生命危险品尝了一个，觉得番茄的味道好极了，酸中又有甜、甜中有酸。然后，他躺到床上等着死神的光临。但一天过去了，他依然好好的。不久，番茄无毒的新闻震惊了西方，并迅速传遍了世界。后来有人分析了番茄的成分，论证了它含有多种维生素，是营养极为丰富的食品，于是便把它从公园里挪出来，移进了菜园。到了18世纪，意大利厨师用番茄做成佳肴，色艳、味美，客人赞不绝口。番茄终于登上了餐桌。现在番茄作为一种蔬菜，已被科学家证明含有多种维生素和营养成分，特别是它所含的茄红素，对人体的健康大有益处。

（二）实践是认识发展的动力

第一，实践为认识的发展提出新课题，指明认识发展的方向。人的认识为什么会从不知到知、从知之不多到知之较多、从低级到高级地向前发展呢？这是因为实践的发展不断地提出需要解决的新课题，推动人们去探索去研究。近代自然科学就是为适应资本主义生产的发展而发展起来的，控制论、核物理学最初是由于在第二次世界大战中发展武器的需要而发展起来的。

名言

社会一旦有技术上的需要，则这种需要就比十所大学更能把科学推向前进。

——恩格斯

相关链接

吉列拿着一把老式剃须刀一边刮脸一边听收音机。突然脸上一阵火辣辣地疼，他知道，脸又被刮破了。吉列长着一脸络腮胡子，每天早晨都得刮脸，可是每次刮脸都让他不愉快，因为一不小心，脸就被刮破。吉列转念一想，在美国肯定有很多人也深受这种老式刮脸刀的痛苦，自己为什么不开发一种既安全又舒适的剃须工具呢？

经过反复研究，吉列设计出了一种T型安全剃须刀。可是，产品投入市场后，由于新型剃须刀的优点不被人们所认识，尽管他说破了嘴皮，大多数人对这一产品仍然持怀疑态度。第一年，吉列只卖出去51把剃须刀和100多片刀片，不但没有盈利，就连原料费也没收回来。

怎样才能使消费者接受新型剃须刀呢？要想消费者认识新型剃须刀的优点，就必须让消费者使用新产品，就是这样，吉列创造了免费赠送这一销售方式。他改进了原先的设计，把剃须刀分为刀片和刀架两部分，派人在街头免费散发刀架和说明书，并赠送少量的刀片。因为免费推销，好多人都争着来领，吉列准备的几千个剃须刀，不到一个小时就全部发完了。

人们在试用的时候，才发现吉列设计的这种剃须刀安全舒适，剃须简直就是一种享受。很快，吉列剃须刀就占据了美国的市场，并且成了一级世界名牌，吉列个人也成为了美国屈指可数的大富翁。

后来，当有记者采访吉列时，问他怎么想到免费赠送剃须刀这个销售方法时，吉列对记者说："给人们免费送剃须刀，我也很担心，怕因此破产。可是，我如果不这样做，那就只有破产一条路了。既然退一步会有机会，那么为什么不去试一试呢？"

想一想：吉列的成功经验是什么？他的成功告诉了我们什么样的人生哲理？

第二，实践为认识的发展提供了日益完备的认识工具和技术手段。人类的生理器官是有局限性的，人的眼睛看不到遥远的天体，不能分辨直径小于0.1毫米的东西。没有望远镜，伽利略就不可能在1608年认识到银河系是由许多星星聚合而成的；没有显微镜，胡克就不可能在1665年看到细胞，也就不可能出现施莱登和施旺的细胞学说。现代工业的发展为认识的发展提供了越来越先进的认识工具和技术手段，大大加强了人类的认识能力，使人的认识不断地达到新的广度和深度。

信息技术手段的使用为幼儿园语言教学开辟了一条新的途径。多媒体技术将图、文、声、像融为一体，具有形象生动、信息刺激性强、时空宽广、操作灵活简便等特点。通过多媒体手段，产生出生动逼真的动感形象，色彩鲜艳的画面、优美动听的音乐、清晰标准的发音，丰富多彩的内容，为幼儿学习语言提供了一个良好的视觉、听觉的交互式语言环境，既能引起幼儿的学习兴趣，提高幼儿的专注力，又能烘托文学作品表达的情境气氛，对优化幼儿园语言教学手段，提高语言教学效果有很大的促进作用。

第三，实践的发展提高了人的认识能力。社会实践水平越高，人的认识能力就越高，人们在实践中不断总结正反两方面的经验教训，分析问题的能力和解决问题的能力不断提高，从而使人类一代比一代更聪明。就个体而言，谁在某一方面的实践多，又善于总结经验教训，谁在某一方面的知识就多，就比别人显得聪明能干一些。这就是人们常说的，实践出智慧，实践长才干。

相关链接

陈尧咨擅长射箭，当世无双，他也凭着这一点自夸。一次，他在自家的园圃里射箭，有个卖油的老翁放下挑着的担子，站在一旁，不在意地斜着眼看他，久而不去，老翁见到陈尧咨射出的箭十支能中八九支，也只微微地点头赞许。陈尧咨问道："你也会射箭吗？我射箭的本领难道不精湛吗？"老翁说："没有什么别的奥秘，只不过是手熟罢了。"陈尧咨听后愤愤地说："你怎么敢轻视我射箭的技艺！"老翁说："凭着我倒油的经验就可懂得这个道理。"老翁取过一个葫芦立放在地上，用铜钱盖在它的口上，慢慢地用杓子把油倒进葫芦，油从铜钱的孔中注进去，却不沾湿铜钱。老人说："我这点手艺也没有什么别的奥秘，只是手熟罢了。"陈尧咨见此，只好笑着将老翁打发走了。

（三）实践是检验认识是否正确的唯一标准

人的认识在实践中产生，并随着实践的发展而不断地深化。但是认识是否正确，不是由主观认定的，而是由实践来决定。实践是检验认识是否正确的唯一标准。

（四）实践是认识的目的

人们在实践中获得认识，不仅是为了解释世界，而是为了改造世界，为人类创造生存和发展的各种条件。理论的基础是实践，又转过来为实践服务。实践既是认识的起点，又是认识的归宿，是认识的目的。有了正确的理论，不用来指导实践，而是空谈一阵或束之高阁，这种理论再好也没有意义。

相关链接

1960年罕见的天灾，带来了严重的粮食饥荒，不少人被那场饥荒夺去了生命。时为湖南安江农校教师的袁隆平经历和目睹了那场严酷的灾难，决心努力发挥自己的才智，用学过的专业知识，尽快培育出亩产超过800斤、1000斤甚至2000斤的水稻新品种，让粮食大幅度增产，用农业科学技术战胜饥荒。

袁隆平长期从事杂交水稻育种理论研究和制种技术实践。1964年首先提

出培育水稻杂种优势的设想，并进行科学实验。1970 年，与其助手李必湖和冯克珊在海南发现一株花粉败育的雄性不育野生稻，成为突破“三系”配套的关键。1972 年育成中国第一个大面积应用的水稻雄性不育系，次年育成了第一个大面积推广的强优组合“南优二号”，并研究出整套制种技术。自 1974 年以来，一个接一个的杂交水稻品种育成并推广应用，中国十三亿人口的吃饭问题迎刃而解。“21 世纪谁来养活中国?”由于人多地少、人口增长以及耕地消耗等原因，20 世纪曾有国外经济学家如此向世界发问，并引起西方国家的极大关注。但袁隆平发明的杂交水稻，为这一世界性疑问找到了答案。今天，袁隆平已经在努力让中国的杂交水稻推广到全球。国际水稻研究所所长、印度前农业部部长斯瓦米纳森博士高度评价说：“我们把袁隆平先生称为‘杂交水稻之父’，因为他的成就不仅是中国的骄傲，也是世界的骄傲，他的成就给人类带来了福音。”

袁隆平的籼型杂交水稻研究获我国迄今唯一特等发明奖；湖南省委、省政府授予袁隆平“功勋科学家”称号；我国发现的国际编号为 8117 的小行星被命名为“袁隆平”星；他先后荣获联合国教科文组织授予的“科学奖”和联合国粮农组织颁发的“粮食安全保障荣誉奖”等 8 项国际奖励。2001 年获得首届国家最高科技奖。

十几年前，袁隆平落选中科院院士一事被公众视为“中国科学界的悲哀”。而袁老本人在回应这件事时却说：“我没当上院士，还是说明我水平不够，所以我今后还要努力学习、努力工作。但是有一点哦，我努力并不是为了当院士，当时我的态度是如此，现在依然如此。”“我当选美国科学院外籍院士也是人家推选的，我的目的不在于院士不院士。我是搞超级杂交水稻的，我的目的就在于能够不断出新成果，为粮食安全作出贡献，那就是我最大的安慰。”袁隆平是伟大的科学家，他为中国、为世界作出了杰出的贡献，但他又是那么朴实，朴实得就像刘中立油画中的《父亲》，他的人品就像秋阳中金黄的稻谷。

议一议 ：作为未来的幼儿教师，我们从袁老的经历中得到了什么样的人生启迪呢？

三、参加实践与学习书本知识

实践是认识的来源，是不是说每个人事事都要亲身实践，不必学习书本知识，只有实践才能获得可靠的、真实的知识呢？不是的。世界是无限的，个人的生命和精力是有限的，实践的范围也是有限的。所以，个人不可能，也不必要事事都去亲身经历、亲自实践。如果人们事事都要通过自己的实践去获得认识，每一代人都从钻木取火、结绳记事开始获得知识，那么，人类的认识就不能发展，人类社会就不能进步。

> 并不是每个人都需要种植自己吃的粮食，也不是每个人都需要做自己穿的衣服，我们说着别人发明的语言，使用别人发明的数字……我们一直在使用别人的成果。使用人类的已有经验和知识来进行发明创造是一件了不起的事情。
>
> **名言**
>
> ——史蒂夫·乔布斯

每个人的知识有两部分：一是直接经验，就是通过亲身实践，直接获得的真实、可靠的知识；二是间接经验，就是从他人那里得来的知识，其中主要是指书本上获得的由前人、别人总结实践经验而成的知识，每个人的知识都大量来自间接经验。

马克思主义哲学认为认识来源于实践，强调实践第一的观点，绝不是否认书本知识的重要。人类认识的发展有着连续性，就像接力赛一样，每一代人都是在前一代人已经达到的认识的基础上前进的，就是把前一代人认识的终点作为自己认识的起点，再把自己在实践中获得的新知识增加到人类知识的宝库中去。因此，学习书本知识，接受间接经验是十分必要的。事实上，一切有学问的人，没有一个不重视学习书本知识的。马克思说他喜欢做的事情是“啃书本”，牛顿把书称为“巨人的肩膀”，高尔基把书叫做“人类进步的阶梯”。

> 阅读使人充实，会谈使人敏捷，写作与笔记使人精确……史鉴使人明智；诗歌使人巧慧；数学使人精细；博物使人深沉；伦理之学使人庄重；逻辑与修辞使人善辩。
>
> **名言**
>
> ——培根

相关链接

毛泽东是一位博学多才、智慧过人的无产阶级革命导师。早在湖南第一师范读书时，他就养成了良好的读书习惯。有一段时间，他每天一大早就到湖南省图书馆看书。图书馆还未开门，他就在门口守候。有时为了读完一本书，连中午饭也顾不上吃，在邻街的小铺上随便买点吃的，就又进图书馆继续读书。

1918 年 10 月，毛泽东到北京大学图书馆任助理员，他读书的机会更多了。这良好的读书习惯，伴随他的革命生涯，一直持续到他生命的最后时刻。据不完全统计，从 1949 年到 1966 年，毛泽东从北京各图书馆借阅过的书有 2000 多种，5000 余册。为工作需要，他还建立了一个门类较齐全的藏书室，有图书数万册。在毛泽东的办公室、会客室、卧室及床上，都放着书。毛泽东一生嗜好读书。想让他一天不读书，简直办不到。

毛泽东说过："我一生最大的爱好是读书"，"饭可以一日不吃，觉可以一日不睡，书不可以一日不读"。他一生手不释卷，是以书为伴的伟人，书以伴行，书以伴眠，甚至书以伴厕，直到临终前夕仍在索书。

毛泽东的读书方法，一生坚持"不动笔墨不读书"。这是他在湖南省立第一师范向徐特立老师学来的，他终生不违，留下了难以数计的读书批注和阅读记号。这实际上是读书中的眼、手、脑并用功夫，在读书中不仅专注原意，而且积极思维，随时记下自己的心得，以收增知益智、积久成学之功效。毛泽东连同他读书的那个时代已经成为历史，但是毛泽东读书的情操和理想，毛泽东的读书方法意义长存。

想一想：在我们的学校、我们的班级、我们的身边一定有一些有学问的人，他们的学问是怎样获得的？他们的成功经验哪些是可以供我们借鉴的呢？

承认个人的知识大量来自间接经验，与实践是认识的来源并不矛盾。因为在我为间接经验，在别人则为直接经验。就人类认识总体上说，任何知识都来源于实践。人们应该重视间接经验，但是，读书代替不了实践。因为要真正掌握间接经验，把书本知识变为自己的知识，还是要通过实践。同时书本上的知识也不见得是完全正确的，要辨别知识的真伪，也要通过实践。因此，我们要把参加实践与学习书本知识结合起来，既要认真学习书本知识，又要积极参加各种社会实践，做到知与行的统一。我国南宋诗人陆游的诗句"纸上得来终觉浅，绝知此事要躬行"说的就是这个意思。

相关链接

纸上谈兵

《史记·廉颇与蔺相如列传》记载了“纸上谈兵”的故事。说的是赵国名将赵奢的儿子赵括“自少时学兵法，言兵事，以天下莫能当”。曾经和他的父亲赵奢谈论兵事，赵奢都难不倒他，但是并不称赞他。因为他的父亲知道赵括只会死读书，如果赵王不让他当将军就罢了，如果一定要让他当将军，“破赵军者必括也”。蔺相如也看出了这一点，说赵括只会背他父亲的兵书，并不知道结合实际运用。可是赵王不听别人劝说，执意任赵括为将。赵括在指挥作战时，只会死搬书本上的教条，结果四十万大军全部覆没，赵括也死于乱箭之下。

议一议：有人说：人生一世最有意义的事情莫过于读万卷书、行万里路。也有人说：读万卷书不如行万里路。还有人说：读书有什么用？有的人读万卷书不仅没有成为智者，却成了一个书呆子；行路有什么用？有的人行万里路不仅没有成就一番事业，反而成为一个浪子。你是怎么看待这些观点的？请用所学的知识予以分析。

第二节　在实践中追求和发展真理

情景案例

教育实习快要开始了，同学们纷纷积极查找资料，制作教具，准备教案。班长小王从幼儿园回来，带回了教学计划和各班幼儿的花名册分发给各实习小组。有的同学说：“现在最重要的是写教案，做课件，幼儿的名册这么早给我们有什么用？”小王说：“要想实习成功，当然要写好教案，做好课件，但是我们首先要认识我们的教育对象。不同年龄段的幼儿有各自的特点，同一年龄段的不同幼儿也有各自的特点，只有了解他们才能更好地教育他们。幼儿园指导老师要求我们一周之内认识班上所有的幼儿，班主任老师要求我们在正式实习的两天之内必须准确叫出每个幼儿的名字。”

想一想：我们怎样才能在最短的时间里认识班上的每一个幼儿？我们对客观事物的认识有没有规律可以遵循？

一、从实践到认识

人的认识都要经过两个阶段，即初级的感性认识阶段和高级的理性认识阶段。

（一）感性认识和理性认识是认识过程中的两个不同质的阶段

感性认识是人们感觉器官直接感受到的关于事物外部现象、事物的外部联系的认识。它以事物的现象为内容，是认识的第一个阶段。感性认识包括感觉、知觉、表象三种形式。它的特点是直接感受性。如我们与明明小朋友第一次打交道，首先得到的信息是我们的感觉器官提供的。如通过视觉得到的是有关他的容貌、高矮、胖瘦、穿着打扮等的信息，听觉得到的是有关他的声音方面的信息，嗅觉得到的是他的身体气味的信息。我们把这些感觉印象综合在一起，就形成了明明小朋友的整体感性形象。当我们离开幼儿园后再想起明明这个小朋友，他的音容笑貌就会浮现在我们面前，我们会情不自禁地说："明明这个小朋友长得真可爱！"

理性认识是人们借助抽象思维所把握到的关于事物的本质、事物的内部联系的认识。它以事物的本质为内容，是认识的第二阶段。理性认识包括概念、判断、推理三种形式。它的特点是抽象性和间接性。我们与明明这个小朋友接触多了，各种印象也就越积越多。我们发现明明不仅长得可爱，而且有礼貌、爱学习，乐于帮助他人，与小朋友的关系很好。然后我们又认识了他的爸爸、妈妈及其他家庭成员，通过他们又知道了明明在家里的表现也不错。综合明明在家里和在幼儿园的表现，我们就可以得出一个结论：明明是个好孩子！这样，我们对明明的认识就由感性认识上升到理性认识。

（二）感性认识和理性认识这两个阶段是相互联系、辩证统一的

第一，理性认识依赖于感性认识。感性认识是认识的起点，离开了感性认识，理性认识就成了无源之水、无本之木，就不可能有科学的理性认识。

相关链接

唐代有个画家叫戴嵩，画了一幅《斗牛图》，由于他没有见过斗牛的情景，凭主观想象把牛的尾巴画得往上翘起。一个牧童看到这幅画，立即指出：牛的尾巴画错了。因为两牛相斗力量会集中在角上，尾巴则夹在两腿中间。可见，不同这个事物接触，就不可能对这个事物有所认识。正是由于这个道理，古今中外的学者都十分重视感性认识的积累。

鲁迅先生写作《阿Q正传》时，当写到阿Q赌钱这个情节时无法写下去了。鲁迅先生只好请教一位对绍兴戏和平民生活非常熟悉的工人王鹤照，此人能够将押牌宝和推牌九的方法以及赌钱时的情景，绘声绘色地讲出来，并顺口哼起了赌钱时唱的小调。鲁迅先生用心地听，仔细地做记录，然后把这些感性素材通过加工后写进了作品里，使阿Q赌钱的这个场面生动地呈现在读者的面前。

第二，感性认识有待于发展为理性认识。这是因为感性认识只反映事物的表面现象，而不能反映事物的本质和规律。如人们的感觉只能看到苹果落到地上这种现象，却看不到现象背后的万有引力规律；只能看到“一娘生九子，十人十个样”这种外在的差异，却看不到产生这种差异背后的生物物种的遗传和变异的规律。

人类认识的任务，在于通过事物的现象把握事物的本质和规律。认识只有完成了这一任务，才能指导人们去有效地改造世界。如果人们只凭感性认识去指导实践，那么，他的行动就会因为被事物的表面现象所迷惑，而不能达到预期的目的，甚至走向预期目的的反面。

名言

感觉到了的东西，我们不能立刻理解它，只有理解了的东西才能更深刻地感觉它。

——毛泽东

相关链接

南辕北辙

《战国策·魏策四》中记载的“南辕北辙”的故事，就是要告诉人们这一道理。故事说：魏王想攻打邯郸，大臣季梁在外地听到这件事，立刻赶回去拜见魏王。他说：今天我回来的时候，在太行山遇见一个人，正驾着他的车往北面赶，他告诉我，他想到楚国去。我说：“你既然要到楚国去，为什么往北走呢?”他说：“我的马好。”我说：“马虽然好，但这不是去楚国的路啊!”他又说：“我的路费多。”我说：“路费即使多，但这不是去楚国的方向啊。”他接着说：“我的车夫是个好把式。”这几样越好，反而会离楚国越远！如今大王的每一个行动都想建立霸业，每一个行动都想在天下取得威信，然而依仗魏国的强大，军队的精良，而去攻打邯郸，以使土地扩展，名分尊贵，大王这样的行动越多，那么距离大王的事业无疑是越来越远。这不是和那位想去楚国的人犯的一样的错误吗？

（三）由感性认识飞跃到理性认识

在实践的基础上，由感性认识上升到理性认识，是认识过程的第一次飞跃。要实现这个飞跃必须具备一定的条件。

首先，必须掌握十分丰富而又合乎实际的感性材料。这是实现由感性认识上升为理性认识的前提和基础。要占有丰富而又合乎实际的感性材料，不能依据道听途说，为此，就要深入实际，认真进行调查研究。

相关链接

美国人摩尔根为了写《古代社会》这本书，多次探访印第安人的住地，与印第安人交朋友，观察他们的生活方式。为了直接获得印第安部落的社会知识，他干脆做了易洛魁人的养子，成为部落的一名成员，和他们一起生活。这样，他得以认识印第安人不向外人透露的习俗和仪式，了解到他们的经济、社会组织、婚姻、家庭、艺术和宗教等，掌握了极其丰富的第一手材料。正是在这些感性材料的基础上，1877 年摩尔根完成了《古代社会》的写作。恩格斯称赞这部书为“今日划时代的少数著作之一”，并运用书中的成果，写作了《家庭、私有制和国家的起源》。这部经典的著作专门列了一个副标题：“就路易斯·亨·摩尔根的研究成果而作。”

其次，必须运用科学的思维方法对感性材料进行改造制作。这是感性认识上升为理性认识的根本途径。因为仅仅掌握十分丰富的感性材料是不够的，感性认识反映的是事物的现象，而事物的现象往往是真象与假象混杂，本质的东西和非本质的东西同在。“要完全地反映整个事物、反映事物的本质、反映事物的内部规律，就必须经过思考的作用，将丰富的感性材料加以去粗取精、去伪存真、由此及彼、由表及里的改造制作功夫，造成概念和理论系统。”①

① 毛泽东：《毛泽东选集》合订本，人民文学出版社 1996 年 3 月版，第 280 页。

“去粗取精、去伪存真、由此及彼、由表及里”的方法，是矛盾的分析和综合的方法，是科学的思维方法。科学的思维方法不是凭空产生的，而是人类从无数次实践的成功经验和失败教训中总结出来的。因此，我们不仅要积极参加实践，在实践中不断地获得知识、积累知识，做一个有知识的人，更重要的是要在积累知识的过程中有意识地进行思维方式的训练，学会思考，学会运用科学的思维方法对感性材料进行加工制作，做一个有智慧的人。

名言

我没有什么特别的才能，只不过喜欢寻根究底地探索问题罢了。

——爱因斯坦

相关链接

有一对父子，在外旅行，正当又累又渴时，突然发现路旁长着一棵大李树，枝头挂满了红红的果实。父亲高兴地说：“我们的运气实在太好了！”说着就要爬上树去摘李子。他九岁的儿子拉着父亲的衣服说：“这李子恐怕不能吃吧？”父亲生气地说：“小孩子懂什么？你又没有吃过，怎么就知道不能吃？我上树去摘，你在下面仔细地接着。”说完，父亲很快就爬到树上，选了一些又大又红的李子摘下来。儿子接过李子，迟疑地尝了一个，真是太苦了！父亲再尝，也是苦的。父亲懊恼地从树上爬下来问儿子：“你怎么知道这些李子不能吃呢？”儿子说：“我是这样想的，这棵李树长在大路边，果实又大又红，如果能吃，别人早摘完了，哪里还能轮到我们。树上的李子之所以能留到现在，一定是因为周围的人们都知道它是不能吃的。”

二、从认识到实践

在实践的基础上，从感性认识到理性认识，是认识过程的第一次飞跃。然而，这还不是一个完整的认识过程，理性认识还必须再回到实践中去，实现认识过程的第二次飞跃。从理性认识到实践，这是更重要、更具有能动性的飞跃。

（一）理性认识必须再回到实践中去

第一，认识世界的目的是为了改造世界。理论本身不能直接改造世界，只有回到实践中去，通过指导实践，才能达到改造世界的目的。脱离实践的理论是没有生命力的理论，知识的力量只有转化为物质的力量，才能为人类带来物质文明和精神文明的成果。

名言

马克思主义的哲学认为十分重要的问题，不在于懂得了客观世界的规律性，因而能够解释世界，而在于拿了这种对于客观规律性的认识去能动地改造世界。

——毛泽东

相关链接

1952 年 10 月，毛泽东主席在视察黄河，在听取黄河水利委员会主任王化云关于引江济黄工程设想的汇报后说："南方水多，北方水少，如有可能，借点水来也是可以的。"第一次提出了南水北调的宏伟设想。经过 28 年的勘探、调查，1980 年 10 月，水利部组织有关专家、教授、工程技术人员在北京举行了学术讨论会，论证了南水北调工程的可行性。2002 年 12 月 23 日国务院正式批复《南水北调工程总体规划》。南水北调工程现已全面开工。

第二，理性认识只有回到实践中去，才能得到检验和发展。人们得到的理性认识，可能是正确的，也可能是错误的，只有回到实践中，才能使正确的认识得到证实，错误的认识得到纠正，不完全的得到充实，才能使认识随着实践的发展而发展。

（二）实现由理性认识向实践飞跃的条件

第一，理性认识要正确。正确的理论反映事物的本质和规律，能预测事物的发展趋势。只有把正确的理论运用于实践，才能达到人们预期的目的。错误的理论只能使实践遭到挫折和失败。第二，科学的理论要为群众所掌握。人民群众是实践的主体，正确的理论一旦被群众所掌握，就会变成改造世界的物质力量。第三，正确的理论在具体化为大规模的群众实践以前，必须经过一系列的试验。

相关链接

中国改革开放之初，根据邓小平同志的提议和对外开放的要求，我国政府参考国外举办出口加工区和自由贸易区的做法，在毗邻港、澳国际市场、对外交通便利，又有众多在外侨胞、具有发展对外交往条件的广东省深圳、珠海、汕头市和福建省厦门市划出一些地方，设立了经济特区，从此揭开了中国改革开放的序幕。二十多年特区建设取得的成就，和它在我国改革开放大业中所发挥的基地和窗口的作用，已得到充分证明。设立经济特区，是我国在当今世界政治经济格局发生变化，有利于和平和发展的新形势下，打破封闭、走向世界、利用国际资金、国际资源、国际市场以及当代先进的科学技术和现代化大生产管理经验来建设社会主义的一场伟大试验，也是我国政府实施对外开放这一基本国策最早采取的一个重大部署。

（三）认识过程的反复性和无限性

人们对一个具体事物的正确认识，一般来说仅仅经过在实践的基础上，由感性认识到理性认识，再由理性认识到实践的一次反复，是不能达到的。这是因为人们对事物的认识，常常受到客观条件和主观条件的限制。从认识对象来看，客观事物是复杂的、变化发展的，其本质和规律的暴露也有一个过程。当事物的发展及其本质尚未暴露时，任何人都不可能一下子就正确认识它。从认识主体来看，人们对客观事物的认识总是受到实践活动范围、科学技术条件、自己认识能力等多方面的限制，因而人的认识能力的提高也有一个过程。因此，人们对一个具体事物的正确认识往往要经过从实践、认识，再实践、再认识的多次反复才能完成。认识具有反复性和无限性。但是，这种无限性不是简单的圆圈式的循环，而是表现为螺旋式的上升。

名言

实践、认识、再实践、再认识，这种形式，循环往复以至无穷，而实践和认识之每一循环的内容，都比较地进到了高一级的程度。

——毛泽东

相关链接

17 世纪，关于光的本质问题，形成了两种不同的学说。一派是以牛顿为代表的微粒说，他的主张是，光是从发光物体中发出来的，而且是以一定速度向空间直线传播的微粒，这一派的学说统治学术界达一百年之久，但期间也不断有波动说（主张光是波）的主张者加以反驳。另一派是以惠更斯为代表的波动说，其观点是，光是某种振动，通过介质（以太）以波的形式向周围传播，光是由这种介质传播出来的纵波。这两种学说都有各自的理论根据。第一个肯定光既有波动性又有微粒性的是爱因斯坦。他认为电磁辐射不仅在被发射和吸收时以能量 $h\upsilon$ 的微粒形式出现，而且在空间运动时，也具有这种微粒形式。爱因斯坦的这一思想是在研究辐射的产生和转化时逐步形成的。

牛顿

惠更斯

爱因斯坦

三、在实践中认识和发展真理

在人类的科学活动和哲学研究中，真理问题始终占有重要地位。被马克思称为“古代最伟大的思想家”的亚里士多德曾说过：“吾爱吾师，吾更爱真理。”这体现了视真理高于一切的崇高精神。探索真理的过程是复杂而又艰辛的，古往今来，有多少仁人志士为了追求真理、宣传真理、坚持真理付出了生命的代价！正是由于真理的获得并非一帆风顺，才使得寻找真理发展的内在规律、探索获得真理的途径显得尤为重要。

（一）真理是客观的、是绝对的又是相对的

真理是客观事物及其规律在人的意识里的正确反映。真理不是客观事物及其规律本身，而是人的正确认识。真理的形式是主观的，真理的内容是客观的。

真理内容的客观性，决定了不同的主体可以用不同的主观形式表述真理，而真理的内容却不能随着认识主体的改变而改变，同样也不能随着人们观念的改变而改变。在一定时间、地点、条件下，对同一事物的真理性认识只有一个，即同客观事物及其规律相符合的认识才是真理，不符合则不是真理。真理不因人而异，也不因阶级而异。

相关链接

唯心主义把真理看成是主观的，其具体观点形形色色，最具代表性的是实用主义真理观。实用主义是在美国土壤上生长的一个哲学流派，它于19世纪70年代在美国露头。创始人是皮尔士，后来通过詹姆士以及美国实用主义另一个最大的代表杜威等人的活动，实用主义发展成为在美国影响最大的哲学流派。在美国哲学中一度占有主导地位，甚至被视为美国的半官方哲学。实用主义主张，有用就是真理。真理当然是有用的，它是我们认识世界和改造世界的有力工具，但不能讲有用就是真理。谎言和骗术，对骗子是有用的，但它却永远不能成为真理。如果认为一种思想或理论，今天对我有用，今天就是真理，明天对我无用，就不是真理，这个世界就无真理可言了。认为“有用就是真理”，必然出现以个人或集团的主观意志、愿望如何来判定真理的情景，导致真理因人而异，“公说公有理，婆说婆有理”。

议一议：实用主义真理观在我们的日常生活中有哪些表现？它的危害性是什么？

一般来说，自然科学真理不直接涉及各阶级的利益，可以为不同阶级所共同认识和利用，但是一旦触犯某一阶级的利益的时候，也会遭到这一阶级势力的强烈批判。社会科学真理直接或间接地涉及各阶级的利益，因此，不同阶级对它抱有不同的态度。

相关链接

哥白尼的“日心说”，就因为违反了宗教的教义，危及欧洲中世纪的神权统治而遭到激烈的反对和残酷的镇压。哥白尼的科学著作被烧毁，笃信“日心说”的布鲁诺被活活烧死，积极宣传“日心说”的伽利略也被罗马教廷定为“狂热信奉异端邪说的可疑分子”而判处“终身监禁”。

真理是绝对的又是相对的。一切被我们称之为真理的认识，都在一定范围、一定程度上正确地反映了客观事物及其规律，这是无条件的、绝对的。在这个意义上，承认了真理的客观性，也就是承认了真理的绝对性。客观世界是无限的，从无限发展的人类认识的总体来说，能够认识这个客观世界，这是毫无疑义的。

但是，认识总是通过一定的历史时代，一定的人去实现的。任何时代、任何人所获得的真理性认识总是有限的，它只能反映客观世界的一定过程、一定部分和一定层次，而不能穷尽客观世界。所以，任何真理又都是有条件的、相对的。

真理的绝对性和相对性是不可分割的，绝对性寓于相对性之中，相对之中又有绝对，认识总是从相对真理向绝对真理不断发展、深化的。

相关链接

一提起“地心说”，人们往往加罪于托勒密。其实，托勒密的体系，形成于公元 2 世纪，肯定了大地是球形的观点，并进一步建立了太阳、月亮和五大行星的旋转运动的天体体系，包含了相对真理，在科学史上有一定的功绩。反过来说，大家公认哥白尼的学说在天文学的发展史上具有划时代的意义，它推翻了“地心说”，揭示了地球绕太阳运行的客观规律；但是，哥白尼的“日心说”也是有局限的，它没有摆脱神学的影响，它的宇宙是以太阳为中心的有限的宇宙。在哥白尼之后，布鲁诺提出了“宇宙无限，没有中心”的新见解，把哥白尼学说向前推进了一步。

（二）实践是检验真理的唯一标准

真理是人们对客观事物及其规律的正确反映，是主观和客观相符合。那么，用什么标准来检验主观与客观是相符合的呢？这就要求这个标准必须具有能把主观和客观两个方面联系起来的特性。但是，主观认识不能说明自己是否符合客观实际；客观事物自身也不能做出回答，因为它不具有把主观认识同客观事物加以对照的“本领”。只有人的社会实践，才具有把主观同客观联系起来的“本领”。

实践是检验真理的唯一标准，这是由真理的本性和实践的特点决定的。真理的本性是主观与客观相符合，实践是主观见之于客观的改造世界的物质活动，具有把主观和客观联系起来的特性。在实践中，人们按照一定的认识去行动，如果行动达到了预期的目标，理想的意图转化为现实，就证明这种主观认识是与客观实际相符合的，因而具有真理性，否则就是谬误。

名言

试玉要烧三日满，辨材须待七年期。

——白居易

相关链接

20 世纪 50 年代以前，一些外国的地质学家认为中国是“贫油国”，“中国永远也不能生产大量的石油”。我国杰出的地质学家李四光不同意这种观点，他全面分析了我国的地质条件，认为新华夏凹陷带有较好的储存石油的条件。两种观点针锋相对，究竟哪一个正确？光在理论上争论是不会有结果的。通过石油开发的实践，大庆、大港、胜利等大油田的相继发现，证明了李四光的理论是正确的。

实践检验认识的真理性是一个过程。实践是检验真理的唯一标准，此外再无任何别的标准，这是确定不疑的；实践能够对一切认识是不是真理作出最终的检验，这也是确定无疑的。但是，由于受主观和客观条件的限制，一个时代的实践不可能完全证实或证伪它那个时代的一切理论；而且实践又是发展的，在一定历史阶段上经过实践检验得出的正确认识，还必须接受新的实践检验。实践对真理的不断检验，推动着真理性认识不断向前发展。

（三）坚持真理 修正谬误

真理是人们对客观事物及其规律的正确反映。谬误则是人们对客观事物及其规律的歪曲反映。同是对客观事物及其规律的反映，一个是正确的反映，一个是歪曲的反映。在一定范围内，真理和谬误有着本质的区别，真理就是真理，谬误就是谬误，二者绝对不可混淆。

真理和谬误是人类认识过程中产生的一对冤家姐妹，既相互对立，又不可分离。没有真理，就无所谓谬误；没有谬误，也就无所谓真理。就个人的认识来说，也总是一分为二的，有正确，也有错误，不可能有从来不发生谬误的“牛人”。“金无足赤，人无完人”、“智者千虑，必有一失”。不论多么伟大的思想家、政治家、科学家都是如此。

名言

尽可能地少犯错误，这是人的准则；不犯错误，那是天使的梦想。尘世上的一切都免不了错误。

——雨果

真理与谬误在一定条件下可以相互转化。因为，任何真理都是具体的，任何真理都有它适用的条件和范围，如果离开了一定条件或超出一定范围，真理就可能转化为谬误。同样的，在一定条件下谬误也可以转化为真理。离开一定条件，就无法说清某个认识是真理还是谬误。

例如，下雨是好事呢，还是坏事？看起来是一个简单的问题，但要是不给出一定的条件，要对它作出肯定或否定的回答，是不可能的。对一个要到户外去玩球的男孩来说，下雨就是一件坏事；而对一个想种花的女孩来说，下雨好极了！

真理和谬误不仅相比较而存在，而且相斗争而发展。这是因为真理和谬误的界限不是一开始就清晰明确的，新的真理也不是一开始就得到人们的理解和承认的。新的真理往往为错误的传统的观念、偏见和习惯势力所不容，有时反而被当做谬误遭到反对。

正确的东西总是在同错误的东西作斗争的过程中发展起来的。真的、善的、美的东西总是同假的、恶的、丑的东西相比较而存在，相斗争而发展……这是真理发展的规律。

名言

——毛泽东

相关链接

英国乡村医生琴纳在行医期间了解到感染过牛痘的挤奶妇女对天花免疫，经过多年的观察和实验，琴纳提出了接种牛痘的方法和预防天花的理论。1796 年 5 月 14 日，他在自己的理论的指导下给一个八岁男孩成功地接种了牛痘。对此，当时的人们大多数是将信将疑，教会则是恶意攻击他，造谣说那个种了牛痘的孩子脸上长出了牛毛，眼睛像公牛一样看人，连咳嗽的声音也好像是牛叫一样。他还收到许多诽谤信和恐吓信，他说：“我好像乘着一只小船，快要到岸了，却受着暴风雨的袭击。”后来，牛痘接种法推广开来，英国政府承认了他的研究成果。他去世后，人们为他立碑塑像，表达对他的怀念。

纵观人类科学史和认识史，从一定意义上说，它们的每一页都是真理和谬误作斗争的生动记录。自然科学的无数辉煌成就都是在同迷信、偏见的斗争中取得的，唯物主义是在同唯心主义、辩证法是在同形而上学的斗争中发展的。马克思主义就认为“在其生命的途程中每走一步都得经过战斗”。

探索真理，坚持真理的道路是艰难曲折的，要有足够的勇气和决心，要付出艰苦的劳动，排除各种困难艰险，冲破谬误、偏见的束缚，要准备经受挫折和失败，经受误解和委屈，有时还要承担各种打击、压制乃至迫害，甚至做出牺牲。然而，不管斗争的情况多么复杂，斗争的道路多么曲折，真理最终是要战胜谬误的。无论何时何地，我们都要有坚定的信念，不畏艰难，始终保持高昂的精神去追求真理，为真理而奋斗。

相关链接

《国际歌》是1871年由法国工人诗人欧仁·鲍狄埃（1816—1887）在巴黎公社失败后的第二天写下的诗歌。他在歌词中揭露了资本主义“毒蛇猛兽”吃尽了劳动人民血肉的暴行；阐明了“从来就没有救世主”，是劳动群众“创造了人类世界”的历史唯物主义观点；表达了公社英雄们要把“旧世界打个落花流水，要为真理而斗争”的决心；阐述了无产阶级的团结战斗，必然能使“鲜红的太阳照遍全球”，“英特纳雄耐尔就一定要实现”的伟大真理。1888年6月，法国工人作曲家比尔·狄盖特为这首诗歌谱了曲。从此《国际歌》就响彻全世界，激励着各国无产阶级为实现共产主义而奋勇斗争。无数先烈唱着这首战歌在争取劳动者解放的斗争中站起来永不倒下。

《国际歌》

起来　饥寒交迫的奴隶
起来　全世界受苦的人
满腔的热血已经沸腾　要为真理而斗争
旧世界打个落花流水　奴隶们起来　起来
不要说我们一无所有　我们要做天下的主人
这是最后的斗争　团结起来到明天
英特纳雄耐尔就一定要实现
这是最后的斗争　团结起来到明天
英特纳雄耐尔就一定要实现

从来就没有什么救世主　也不靠神仙皇帝
要创造人类的幸福　全靠我们自己
我们要夺回劳动果实　让思想冲破牢笼

快把那炉火烧得通红 趁热打铁才能成功
这是最后的斗争 团结起来到明天
英特纳雄耐尔就一定要实现
这是最后的斗争 团结起来到明天
英特纳雄耐尔就一定要实现

是谁创造了人类世界 是我们劳动群众
一切归劳动者所有 哪能容得寄生虫
最可恨那些毒蛇猛兽 吃尽了我们的血肉
一旦把他们消灭干净 鲜红的太阳照遍全球
这是最后的斗争 团结起来到明天
英特纳雄耐尔就一定要实现
这是最后的斗争 团结起来到明天
英特纳雄耐尔就一定要实现

坚持真理需要有勇气和决心，修正错误更要有勇气和决心。坚持真理和修正错误是一个问题的两个方面，坚持真理的过程，也就是修正错误的过程。只有修正错误，才能坚持真理。但修正错误是不容易的，需要有对人民利益负责的决心与自我批评的勇气，还要有对错误认真分析的科学态度，找出发生错误的原因和克服的办法，并在实际行动中加以改正。

名言

人谁无过？过而能改，善莫大焉。

——《左传·宣公二年》

相关链接

负荆请罪

秦国和赵国渑池之会结束后，由于蔺相如功劳大，赵王很看重蔺相如，封他为相国，位在廉颇之上。廉颇很不服气：“我是赵国的大将，有攻城野战之功，而蔺相如只凭口舌之劳，职位却在我之上，让我感到羞耻！”并扬言：

“我若遇见相如，一定要羞辱他。”

听到廉颇这些话后，蔺相如就忍让着不肯和他碰面，每逢上朝时常常推说有病，不愿跟廉颇争位次。相如出门，远远看见廉颇，就掉转车子避开他。相如的门客劝说道：“我们离开亲人来侍奉您，不过是因为仰慕您高尚的品德节义啊。现在您的职位在廉颇之上，他口出恶言，您却害怕他、躲避他，怕得也太过分了。我们没有才能，请允许我们告辞吧！”蔺相如挽留说：“你们看廉将军与秦王相比哪个厉害？”门客回答说：“廉将军不如秦王厉害。”相如说：“以秦王那样的威势，我蔺相如却敢在秦国的朝廷上呵斥他，羞辱他的群臣。相如虽然才能低下，难道害怕廉将军吗？但是我想到，强大的秦国之所以不敢轻易对赵国用兵，只是因为赵国有我和廉颇将军的精诚团结呀！如果我们内部不团结，赵国就危险了。”

这话传到廉颇那里，令廉颇十分惭愧。他脱掉上衣，露出上身，背着荆条，亲自到蔺相如家的门前请罪，说：“我这个粗陋卑贱的人，想不到将军宽容我到这样的地步啊！”两人终于相互交欢和好，成为生死与共的朋友。

坚持真理，修正错误，是为了实践的需要，为了更有效地改造世界。谬误，把人们的实践活动引入歧途，导致挫折和失败；真理，为人们的实践指明方向，提供有效的方式方法，最终把实践引向成功。这也是我们坚持真理，修正错误，学习科学，运用科学的原因。

想一想

在现实生活中，有的人对自己的错误总是躲躲闪闪，生怕别人批评指出，自己也不敢公开承认。不敢正视自己的错误，就等于在这方面拒绝真理。你认为呢？

思考与训练

一、选择题

1. 马克思主义哲学认为，实践是（　　）

A. 客观见之于主观的活动　　B. 主观见之于客观的活动

C. 主观符合客观的活动　　　　D. 客观事物满足人的需要的活动

2. 下列活动中属于实践基本形式的有（　　）

A. 医生治病　　　　B. 文艺演出

C. 法官办案　　　　D. 教育实习

3. 实践作为认识的发展的动力，是由于它（　　）

A. 给认识提出了新课题

B. 给人们认识事物不断提供观察和研究手段

C. 推动着人类思维能力的提高

D. 指明了认识发展的方向

4. 在感性认识和理性认识的关系上，下列说法既唯物又辩证的是（　　）

A. 理性认识依赖于感性认识，感性认识有待于上升到理性认识

B. 感性认识是理性认识的来源，理性认识是感性认识的深化发展

C. 感性认识是对事物现象的认识，理性认识是对事物本质的认识

D. 理性认识是感性认识的基础，并反作用于感性认识

5. 地球外存在着智慧生命是人类很早就提出的一个假说，可直至今天也没有被证实。美国科学家在20世纪70年代发射了携带着地球人多种信息的宇宙飞船，期望有朝一日能被太阳系之外可能存在的智慧生命收到并发回音讯。可据专家们估计，飞船要飞到距太阳系最近的恒星体系，需要八万年的时间。这说明（　　）

A. 世界上还是有不可认识的事物

B. 有些认识不能依靠实践检验

C. 人类对世界的认识总是被动的

D. 人类的实践活动具有历史性

6. 如果人站在月球上，眼睛看见的地球是球体，无法分辨出细节；如果用2000倍的光学望远镜，可以看见地球上的楼房；如果用放大亿倍的纳米扫描显微镜，可以看到泥土里的沙粒。这一事实说明（　　）

A. 个人的认识能力是无限的

B. 新的认识工具和手段能够推动认识的发展

C. 人们对客观世界的认识有待深化

D. 月球与地球的距离是很近的

7. 爱因斯坦说："谁要是把自己标榜为真理和知识领域的裁判官，他就会被神的笑声所覆灭。"这表明（　　）

A. 神或上帝是绝对真理的拥有者

B. 人类永远不能认识客观事物的本质和规律

C. 实践是检验认识正确与否的唯一标准

D. 世界上不存在终极真理，人类的认识是无限深化、发展的

8. 郑板桥曾提到他画竹的过程：当他晨起"看竹"时，产生了"眼中之竹"；然后胸中涌起"画意"，此乃"胸中之竹"；最后，"磨墨展纸，落笔倏作变相"，形成了"手中之竹"。他反复强调"眼中之竹"不同于"胸中之竹"，从哲学上看，这是因为（　　）

A. 前者是感性的，后者是理性的

B. 前者是直接反映，后者是创造性反映

C. 前者有局限性，后者无局限性

D. 前者是肤浅的，后者是深刻的

二、辨析题

1. 实践出真知，一个人要想获得科学知识就必须事事经过实践。

2. 被多数人公认的理论就是真理。

三、简答题

1. 实践及其形式和特点是什么？

2. 实践对认识的决定作用表现在哪些方面？

3. 实现感性认识到理性认识的飞跃必须具备什么条件？

4. 为什么说真理是绝对的又是相对的？

四、论述题

阅读下文，议一议：怎样才能成就一个幼儿教师的成功人生。

成功并不像你想象的那么难

并不是因为事情难我们不敢做，而是因为我们不敢做事情才难的。1965年，一位韩国学生到剑桥大学主修心理学。在喝下午茶的时候，他常到学校的咖啡厅或茶座听一些成功人士聊天。这些成功人士包括诺贝尔奖获得者，某一些领域的学术权威和一些创造了经济神话的人，这些人幽默风趣，举重若轻，把自己的成功都看得非常自然和顺理成章。时间长了，他发现，在国

内时，他被一些成功人士欺骗了。那些人为了让正在创业的人知难而退，普遍把自己的创业艰辛夸大了，也就是说，他们在用自己的成功经历吓唬那些还没有取得成功的人。

作为心理系的学生，他认为很有必要对韩国成功人士的心态加以研究。1970 年，他把《成功并不像你想象的那么难》作为毕业论文，提交给现代经济心理学的创始人威尔·布雷登教授。布雷登教授大为惊喜，认为这是个新发现，这种现象虽然在东方甚至在世界各地普遍存在，但此前还没有一个人大胆地提出来并加以研究。惊喜之余，他写信给他的剑桥校友，当时正坐在韩国政坛第一把交椅上的人朴正熙。他在信中说："我不敢说这部著作对你有多大的帮助，但我敢肯定它比你的任何一个政令都能产生震动。"

后来这本书果然伴随着韩国的经济起飞了。这本书鼓舞了许多人，因为它从一个新的角度告诉人们，成功与"劳其筋骨，饿其体肤"、"三更灯火五更鸡"、"头悬梁，锥刺股"没有必然的联系。只要你对某一事业感兴趣，长久地坚持下去就会成功，因为上帝赋予你的时间和智慧够你圆满做完一件事情。后来，这位青年也获得了成功，他成了韩国泛业汽车公司的总裁。

我没有读过这本在韩国曾引起轰动的书，我也没有想过去找这本书读，凭我的人生经历，我已经感知到了它要说的一些道理：人生中的许多事，只要想做，都能做到；该克服的困难，也都能自己克服，用不着什么钢铁般的意志，更用不着什么技巧或谋略。只要一个人还在朴实而饶有兴趣地生活着，他终究会发现，造物主对世事的安排，都是水到渠成的。（刘艳敏）

第六章
摆正个人与社会的位置
——选择崇高的人生目标

本章导学

人既有自然属性，又有社会属性，但社会性是人最主要、最根本的属性。个人发展对社会发展产生能动作用但受社会发展的制约，二者密不可分。价值观支配人生的一切选择，人生的真正价值在于对社会的贡献，要科学选择人生价值目标。人生价值的实现，受客观条件和主观条件的制约，应掌握实现人生价值的基本途径，在实现民族复兴的伟业中实现人生价值。

如何摆正个人与社会的位置是每个人都必须面临的人生课题。在社会大变革的时代，青年学生要实现在多元化的价值观中作出正确的选择，只有通过学习和运用马克思主义唯物史观，帮助自己形成一定的世界观和价值观，进而形成正确的人生价值观。学会从社会性是人的根本属性的基本观点出发，正确理解个人与社会之间的关系这个人生基本问题，形成人生真正价值在于对社会的贡献的价值判断标准，选择实现人生价值的正确途径，夯实个人发展的根基，为建设社会主义现代化国家而奋斗。

第一节　正确处理个人与社会的关系

情景案例

2010年感动中国人物评选揭晓，颁奖辞中这样写到：“奠基中国近代力学，他是伟大的教育家，而一生坎坷，从未放弃理想，为国家谋，为天下谋。钱先生以毕生的身体力行，昭示了一位学者的坚持与信仰。”

钱伟长

钱伟长，中国近代力学之父，著名的科学家、教育家。他早年攻物理学，留学加拿大期间已经显露出非凡才华。28 岁时，他的一篇论文已经让爱因斯坦大受震动，并迅速成为国际物理学的明星。抗战结束后，钱伟长坚持回到祖国，在艰苦的条件下，拒绝美国科学界的诱惑，忠于祖国，坚持实现“科学救国”的抱负，为新中国开创了力学科学教育体系。他学贯中外，对中国科学事业的发展作出了巨大的贡献。1957 年，钱伟长被错划为右派，受到不公正待遇，但是他仍然没有放弃科研和对祖国的忠诚。1977 年以后，他不辞辛劳，去祖国各地做了数百次讲座和报告，提倡科学和教育，宣传现代化，为富民强国出谋划策。1990 年以后，他为香港、澳门回归祖国及和平统一祖国的大业奔走。

有人说，钱伟长太全面了，他在科学、政治、教育等领域取得的成就都是常人无法企及的。钱伟长说：“我没有专业，国家需要就是我的专业；我从不考虑自己的得与失，祖国和人民的忧就是我的忧，祖国和人民的乐就是我的乐。”他用六十多年的报国路诠释了自己一直坚持的专业：爱国。

议一议：从以上介绍中，你怎么理解著名的科学家、教育家钱伟长为什么能够处理好个人与社会的关系？

人生不仅涉及人生理想、人生价值等重大问题，还涉及诸如学习、工作、生活、恋爱、婚姻、家庭乃至生老病死等具体问题，这些都是人生中遇到的最基本、最普遍的问题，归根结底是个人和社会的关系问题。处理好这些问题，必须依赖于人们对人的本质属性以及个人和社会关系问题的认识。

建立一个人类社会，难就难在如何处理个人幸福与全民幸福之间的关系。

名言

——多·拉塞尔

一、人的本质

人的本质属性究竟是什么？这是各种历史观都不可能回避的问题。对人的本质的回答，古往今来，众说纷纭。有的哲学家认为，“人是长着两条腿的没有羽毛的动物”、“人是政治动物”、“人是一架自己会发动的机器”。在基督教的神学家看来，“人是上帝创造的最高级的动物”。也有学者从社会和文化的视角来理解人，认为“人是历史和文化的产物”。我国自古以来关于人性善恶的争论颇为激烈，孟子主张“人之性善”，荀子主张“人之性恶”，也有理学家认为人的本性非善非恶。这些说法，虽然都从一个个侧面描绘了人的本性，但都没有正确地揭示出人的本质属性的特点。

（一）人的自然属性及其表现

马克思主义认为，要揭示人的本质，首先要了解人所具有的自然属性和社会属性，明确人与动物的联系及其本质区别。

所谓人的自然属性，是指人在生物学、生理学方面的特点，即人具有的类似动物的身体结构和自然本能。人是自然界存在的所有生物中的一种，必然具有自然属性。

人的自然属性表现在：首先，人是自然界中的一个组成部分，人的生存离不开自然界；其次，人的自然属性是人类得以生存发展的生理基础，人有类似动物本能的自然欲求，如食欲、求生欲等；第三，人在自然界中生存和发展，总要受到自然规律的制约；第四，人的自然属性是人类得以生存和延续的前提条件，是人与其他动物的共同点。

动物饿了要吃，但动物是饿了就吃，饱了就停，受本能的驱使，不顾及其他。人饿了也要吃，但是，人则不同，人饿了不一定就吃。当宴请朋友的时候，饭都做好了，朋友未到，主人也不会吃，要等朋友来了一块儿吃。人饱了也不一定就停。在朋友还没有吃饱饭的时候，主人即便吃饱了也不会停下来，要陪客人把饭吃完。这就说明，人的自然属性不是和人的本质毫不相干的，而是受着人的本质的制约所决定。我们不能离开人的本质理解人的自然属性，把人的自然属性和动物的自然属性看作完全一样；更不能把人的自然属性当作人的本质。

（二）人的社会属性及其主要表现

作为万物之灵的人类，其本质属性并不是由人的自然属性决定的，而是由人的社会属性决定的。

社会属性是指人作为一种社会存在物的社会本性，如劳动、交往和意识及其所形成的各种社会关系，等等，是人在社会生活方面的特点。它是人们在改造自然和社会的实践活动中逐渐形成和发展起来的，是人区别于动物的本质特征。正如马克思所说：“人的本质并不是单个人所固有的抽象物”，在其现实性上，它是

"一切社会关系的总和"。

第一，人是社会化的产物。人不仅是自然界长期进化的结果，更是社会自身的产物。诞生之初的婴儿只是生物学意义上的人，只有经过社会性劳动，才能成为真正意义上的社会化的人，因此劳动创造了人本身。

相关链接

2004年，俄罗斯南西伯利亚阿尔泰地区警方在当地一所荒无人烟的住宅中发现了一名"狗模狗样"的7岁男孩，调查发现，这名男孩在3个月大时就被父母抛弃，是一只看家狗将他"抚养长大"。这名可怜的"狗孩"名叫安德雷，居住在阿尔泰地区一处偏僻荒凉的房子里。在安德雷只有3个月大时，他的母亲就忍受不住孤独和贫困弃他而去，再也没有回来；安德雷的父亲是一个酒鬼，几天后也弃他而去。令人难以置信的是，家里的一只看家狗主动承担起了照顾安德雷的责任，它将哭叫的小主人拖到自己的狗屋边，每当安德雷嗷嗷待哺时，这只看家狗就会外出寻找食物。在狗的照顾下，安德雷长到了7岁。阿尔泰地区警方在这座废弃的荒凉住宅中发现了这对奇特的"母子俩"。由于长期与狗在一起，耳濡目染之下安德雷的一切习性几乎都与狗相差无几：他用四肢爬着走路，用嘴叼咬东西，当警方给他食物时，他竟然先用鼻子对食物闻个不停，直到确认安全后才张开嘴吞咽食物。可见，这个男孩由于远离人类的社会生活，在他的身上更多地体现出了人类作为动物的本能，也就是人的自然属性。

人的社会化是指人接受社会文化的过程，即指自然人（或生物人）成长为社会人的过程。刚刚出生的人，仅仅是生理特征上具有人类特征的一个生物，而不是社会学意义上的人。在社会学家看来，人是社会性的，是属于一种特定的文化，并且认同这种文化，在这种文化的支配下存在的生物个体。刚刚出生的婴儿不具备这些品质，因此他（她）必须渡过一个特定的社会化时期，以熟悉各种生活技能、获得个性和学习社会或群体的各种习惯，接受社会的教化，成为一个合乎社会标准的成员，才能实现自己的生存和发展。

人的社会化一般可以划分为三个阶段。个人学习和受教育阶段，主要是个人了解和学习文化知识内容和生活准则，并初步确定自己的世界观、人生观；个人从事职业活动阶段，主要是个人借助一定能力承担一定的社会职能，扮演一定的社会角色；个人作为主体相对独立的、积极起作用的因素增长和发展阶段，主要是个人再生产和创造社会文化的经验，发展自己的个性。

第二，人的生产活动具有社会性。以制造和使用工具为标志的物质生产活动是人类生存和发展的基础。而生产活动只能在一定的社会生产关系中才能进行，离开社会和集体，不要说一般的生产活动不能维持，就连个体的生命活动也无法维持。随着生产的发展和生产的社会化程度提高，生产活动的社会性将表现得更为突出。

名言

为了进行生产，人们便发生一定的联系和关系；只有在这些社会联系和社会关系的范围内，才会有他们对自然的关系，才会有生产。

——马克思

相关链接

早期科学家开展科学研究工作都是以个人为主，如哥白尼、牛顿、法拉第、瓦特、居里夫人等人的研究工作最多也只有几个助手参加。但从 20 世纪 60 年代以来，许多领域的科学研究，仅靠科学家和发明家个人已经无能为力了。如 1957 年至 1958 年的“国防地球物理年”考察活动，共有 66 个国家的众多科学家参加；20 世纪 80 年代，世界气象组织发起“全球大气研究计划第一次全球实验”，竟有 100 多个国家和地区参加；美国的“阿波罗”登月计划，参加研制工作的科学家、工程师有 42 万人，协作单位有 2 万多个工厂、公司和 120 所大学，飞船、火箭有 700 多万个零部件，共耗资 30 多亿美元，历时 11 年，到 1969 年7 月 21 日才把两名宇航员送上了月球。

火箭生产车间

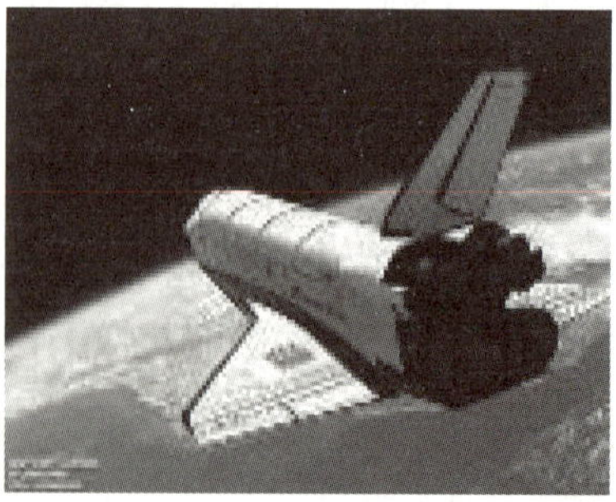

航天飞机

第三，人的生活具有社会性。人的生存不仅依赖于自然界，而且也依赖于社会。任何一个现实的、具体的人，都处于多种多样的社会生活中，也总是在一定的社会关系中去参与社会生活、履行社会责任。人们的物质生活和精神生活的多种需求，也必须依赖于社会。因此，人的生活具有社会性。

每个人都有自己的家乡、亲人、同学、朋友和同事，都从事着一定的职业活动。在社会生活中，人们的活动必然要受到国家的经济、政治、法律、道德、文化的影响和制约。一个自然人要发展成为掌握一定文化、参与一定的社会生活、扮演多种角色的社会人，离不开这些因素的影响。由此可见，生活在社会中的任何人都处在一定的政治、经济、法律、道德、家庭、地缘、业缘等关系中，人的生活必然具有社会性。

想一想

想一想：恩格斯说："人类社会和动物社会的本质区别在于，动物最多是搜集，而人则能从事生产。"你能说出动物搜集与人类生产的不同点吗？

第四，人的语言和思维具有社会性。人类具有思考问题并能凭借语言相互交流思想的能力。这种能力被公认为是人和动物相互区别的最显著的标志。语言是联系社会成员的桥梁和纽带，是社会成员相互之间交际和交流思想的工具，也是协调社会成员行动一致的工具。

语言和思维是人们在与他人交往的迫切需要中产生的。由于人们生活在社会中，需要交往，然后才需要语言并产生语言。但动物不同，由于它们不会劳动，彼此之间需要传达的信息只要几种简单的姿势和叫声就可以了，所以也就不会产生语言。语言的内容是思维。

人能够思维，有高级意识活动，而动物只有感觉和心理。思维是人区别于动物的又一重要标志。正因为人有思维，有语言文字，从古至今，人类才在政治、法律、道德、科学、文艺、哲学、宗教等方面创造和积累了丰富的成果。人的思想、意识、言论不管正确与否，都是在社会生活实践中形成和发展的，都会打上所处的社会、阶级和时代的烙印。

相关链接

古埃及有个法老，为了弄清人的语言能力是生来就有的还是后天学来的，残酷地将两个刚出生的健康婴儿，放在地下室内，使他们与外界隔绝。他们只是由指定的专人送食物，送食物的人只管让他们吃饭，不准和孩子们说话。由于孩子们只能得到衣食，而不能与人交谈，当他们长到十二三岁放出来时，什么话都不会说。

议一议：长期与世隔绝的这些孩子为什么会什么话都不会说？

（三）人的社会属性是人的本质属性

人的本质既是指人之所以为人的内在根据，也是指人之所以形成各种作为人的属性特征的根本所在，是制约和支配人的全部活动、属性、特征的最根本的东西。人既有自然属性，又有社会属性，但人的社会属性是人的最主要、最根本的属性。

自然属性只是人的本质属性的自然基础，而在人类的社会实践中，人的自然属性也明显地打上了社会烙印，可以说是社会化了的自然属性。人之所以不同于其他动物，就在于人能够联合起来，组织在一起，结成以生产关系为基础的各种社会关系，进行共同劳动。因此，人的本质不能单从自然人和人的生理特征上去考察，虽然人具有一般动物生命的本质属性，但是对人具有决定意义的还在于社会生活，人的深层本质只能从人的社会关系中去揭示。因此，决定人的本质的是人的社会性，人的本质体现在劳动实践中，劳动是人类最基本的社会实践。

第一，社会性揭示了人区别于动物的特殊本质，是人特有的属性。人的自然属性是人的社会属性的物质承担者，但不是人的本质属性。因为人的本质指的是人与动物相区别的根本特征，而人的自然属性是人与动物的相似之处，它不能将人与动物区分开来，只有社会属性才能使人成其为人。人的自然属性和动物的自然属性也有一定的区别。动物的自然属性是纯粹的自然属性，人的自然属性是社会化了的自然属性。人的自然属性不是和人的本质毫不相干的，而是受着人的本质的制约。我们不能离开人的本质理解人的自然属性，把人的自然属性和动物的自然属性看成是完全一样的；更不能把人的自然属性当做人的本质。正如马克思所说："人的本质不是人的胡子、血液、抽象的肉体的本性，而是人的社会特质。"

第二，人的社会性制约着人的自然性。人的自然属性是作为社会存在物的人的属性，它不同于一般动物的生物属性，它不是纯自然的，而是经过了社会的改造，是社会化的自然属性，因此具有鲜明的社会色彩。人的生理机能的满足，在内容上已融入了深刻的社会、文化因素。人的自然属性受社会、文化因素的制约，渗透着人类社会文化的内涵。比如，人的食欲满足具有了饮食文化的丰富内涵；人的繁衍的需要是通过婚姻来实现的，而婚姻中还包括了爱情。可见，人的生理需求的满足要受到社会的道德伦理、法律法规等的制约。人和动物都要通过两性关系生育后代。但动物的生育完全出于本能，人类的生育则受社会的政治、经济、法律、伦理、道德等多种因素的制约和影响。从人类蒙昧时代的血缘群婚到野蛮时代的对偶婚，再到文明时代的一夫一妻，归根到底是由社会生产方式的发展变化而引起，受到社会意识和社会道德观念的制约和影响。

第三，人的本质属性是社会属性。人的本质在其现实性上，是一切社会关系的总和。世界本身就是一张巨大的联系之网，人就生活在各种各样的社会关系之中，如经济关系、政治关系、思想关系等。由这些关系又可演化出更为具体的种种关系，如家庭关系、亲情关系、朋友关系、民族关系、地缘关系、业缘关系、阶级关系、法律关系、道德关系，等等。这些关系都对人的本质有影响，它们的总和构成了人的本质。人在社会关系这张巨网之中所处的位置不同，他所占有与接触的社会关系就不同，由此导致了各自不同的生活环境、生活方式。在长期的社会实践中，人们形成了各自的心理、习惯、爱好、立场、交往方式、能力、品质等。

总之，人的自然属性和社会属性是互相联系、互相制约、辩证统一的，人的自然属性是社会属性得以存在的前提。人的社会属性制约着人的自然属性，因而，社会性揭示了人区别于其他动物的特殊本质，是人的本质属性。

马克思主义关于社会性是人的本质属性的基本观点，对我们正确处理个人与社会、个人与集体的关系，正确认识人生价值以及澄清在这个问题上的错误认识，具有重要的意义。

私有观念对于一切资产者是非常自然的，但当初跑进人们的大脑里却不那么容易。当人们开始思想时，恰恰相反，他们首先想到的是一切应当归大家。

名言

——拉法格

二、个人的发展与社会的发展

相关链接

20世纪40年代，美国的心理学家丹尼士曾经做过一项惨无人道的实验。他从孤儿院挑选了一批新生婴儿把他们放在暗室中生活，只给他们吃、住，让他们与世隔绝。这些婴儿起初在生理上和正常婴儿完全一样，慢慢地机能逐渐退化，最后变得越来越痴呆。等这些婴儿长到一定年龄后，再把他们释放出来，让他们过正常人的生活，虽然经过长期的训练和教育，但是绝大多数的孩子始终没有恢复人的基本特性，变得终生痴呆，只有个别人有了吃饭、穿衣等简单的生活能力。

当这个惨无人道的实验被揭露出来后，丹尼士受到全社会的强烈谴责，不得不停止实验，受害的儿童虽经多方治疗却未见好转。

人的本质属性在于社会属性，由此决定了个人的发展与社会的发展是密不可分的，更不可能脱离社会而进行所谓的自我设计、自我发展。任何人的思想观点、知识才能、语言文字等，都不是先天就有的，而是通过社会教育和社会实践获得的。因此，社会的存在和发展，是以该社会成员的发展为基础的，并依赖于这个社会的全体成员的共同努力；个人的生存和发展更离不开社会提供的各种条件。

（一）个人的发展和社会发展的含义

个人发展，是指社会的每一个成员在体力、智力、个性和交往能力等方面的发展。个人发展可从全面发展、自由发展、充分发展这三个方面的发展来衡量。全面发展是指人的各方面才能和能力的协调发展，自由发展是指人自觉自愿地发展自己的个性和才能，充分发展是指人向着更高的程度即全面发展和自由发展相统一的程度发展自己的个性和才能。

社会发展，是指整个人类社会从低级阶段向高级阶段的运动过程。社会发展涉及社会生活的各个方面，概括起来说，主要是指社会物质文明和精神文明的发展与提高。社会发展的内容是具体的，不同的时代、不同的国家、同一个国家的不同地区，社会发展的内容有不同的特点和要求。但是，归根结底，社会发展应是生产力发展的结果。社会发展进步的主要标志是社会生产力的发展。

（二）个人发展与社会发展的关系

第一，个人发展对社会发展产生能动作用。人是社会实践的主体。个人在社会生活中，总是在从事一些有意识、有目的的活动，这些活动作用于社会，从而在社会发展的过程中留下自己的印记。从古到今，人们的实践活动，总会或多或少、直接或间接地对社会历史产生一定的影响。如果没有个人的发展，没有个人素质的提高，就不会有发明创造和科技进步，就无法实现社会的发展。因此，社会的发展进步，归根结底是人类自身的发展和进步。每个人的能力和个性的全面发展是社会发展的真正动力。

相关链接

蔡伦和造纸术

在京城洛阳的皇宫里当官的蔡伦，当时主管监督制造宫中用的各种器物。他非常聪明，很会动脑子，经常和工匠们一起研究制作工艺。蔡伦看到皇帝每天要批阅堆成小山般的简牍，非常不方便，他就琢磨着要制作出一种轻便易用的书写材料，来取代笨重的简牍。

蔡伦像

汉朝造纸工艺流程图

对于新的书写材料，蔡伦的第一个要求是轻便。因此用竹、木制成的简牍首先被排除在外，而丝帛倒是符合的，可惜原材料稀少。于是，蔡伦仔细观察了丝帛的生产过程，从分析丝帛的结构入手，发现它是由纤细的短纤维互相粘成的。于是，他把新材料定位在结构与丝帛相似、取材容易、价格低廉的品种上，从此时时处处留意着、寻觅着这种新材料。

有一天，蔡伦和几个小太监来到城外游玩。这是一个十分幽静的山谷，一条小溪潺潺流过，溪边垂柳依依，景色宜人。

蔡伦无心欣赏这般美景，似乎在寻找着什么。忽然，他两眼一亮，快步走到溪边，蹲着不动了。只见蔡伦手里捧着湿湿的、破破烂烂的、像棉絮一样薄薄的东西发呆。嘴里喃喃地说："找到了，找到了！"他三步并作两步，急忙问河边的农夫："老人家，这东西是怎么形成的？"农夫笑着回答说："这个呀，是漂在河里的树皮、烂麻、破渔网什么的，它们被水冲呀、泡呀，又被太阳晒，时间长了就成了这模样，到处都是呢！”蔡伦抬头看着满山遍野的绿树，不由地眉开眼笑。

回到宫里后，蔡伦马上投入紧张的试验和制作中，他挑选出树皮、破麻布、旧渔网等，让工匠们把它们切碎剪断，放在一个大水池中浸泡。过了一段时间后，其中的杂物烂掉了，而纤维不易腐烂，就保留了下来。他再让工匠们把浸泡过的原料捞起，放入石臼中，不停搅拌，直到它们成为浆状物，然后再用竹篾把这黏糊糊的东西挑起来，等干燥后揭下来就变成了纸。

蔡伦带着工匠们反复试验，最后终于试制出既轻薄柔韧，又取材容易、来源广泛、价格低廉的纸。

公元105年，蔡伦奏请东汉和帝准予将他的造纸术向民间推广，他还挑选出挺括良好的纸，进献给汉和帝。汉和帝试用以后，非常满意，当场赞扬了蔡伦的这一创造发明，同时立刻下令把这项造纸技术推广开去。

从此，中国的造纸技术进入了先进的行列。人们为了纪念蔡伦，就把用这种造纸工艺造出来的纸称为“蔡侯纸”。蔡伦也由此被史学家称为中国古代科学家。

造纸术是中国古代科学技术的“四大发明”（指南针、造纸术、印刷术、火药）之一，是中华民族对世界文明作出的一项十分宝贵的贡献，它促进了世界科学文化的传播和交流，深刻地影响着世界历史的进程。

想一想：蔡伦的造纸术对世界文明作出了什么贡献？个人的发展对社会发展有什么意义？

个人发展对社会历史发展所产生的作用不尽相同。当个人发展符合社会发展的规律，反映了广大人民群众的根本利益时，就会对社会发展产生积极的促进或推动作用；反之，则会对社会发展产生消极的阻碍作用。个人发展对社会发展的作用受到个人的思想素质、知识结构、工作能力及发挥主观能动性的程度等因素的影响，也受到个人所处的家庭、学习、工作等方面的环境的影响和制约，因此个人发展对社会发展所起的作用存在差别。

第二，个人发展受社会发展的制约。个人发展对社会发展具有能动作用，但个人发展并不是随心所欲的，它要受到社会条件和客观规律的制约。这主要表现在以下两个方面。

一是受社会环境的制约。任何人都是在一定的社会环境中生存和发展的。一定的生产力状况和生产关系的性质、社会的政治制度、文化制度，都制约着个人的发展。人总是在既定的条件下创造历史。对当代青年来说，我国社会主义初级阶段的基本国情就是我们面临的社会环境。改革开放和社会主义市场经济体制的建立，社会对知识和人才的尊重，为青年人发挥聪明才智提供了越来越多的机遇，最大限度地调动了他们的积极性和创造性。同时，我们还要看到，我国的生产力水平还比较低，科学技术还不发达，法律制度还不完善，社会生活中还有许多不尽如人意的地方。面对这些客观现实，我们一方面要正视它，实事求是地去看待这些问题；另一方面应该充分利用有利的环境，克服各种困难，努力创造条件，为改革开放和社会主义建设事业贡献自己的力量。

二是受到社会发展规律的制约。在社会历史领域，任何活动都离不开人的参与，人的发展又必然有主观的动机和目的性，而社会发展又具有不以人的意志为转移的客观规律。因此，人的发展只有符合社会发展的客观规律，才能达到预期的目的。

当社会分工发展到一定阶段和剥削制度发展到资本主义社会时，一方面，劳动者创造出大量剩余产品，使越来越多的人从体力劳动中解脱出来而去从事科学、技术、文学、艺术和其他文化活动；另一方面，劳动者自己却被牢牢地禁锢在物质生产的狭小领域，成为机器的附属品，成为片面发展的人。人的片面发展，是私有制度的历史产物。因为在私有制的社会中，一些人靠另一些人来满足自己的需要，结果是少数人得到了发展的垄断权，而多数人的发展却受到种种限制。只有到了共产主义社会，个人全面发展的理想才能实现。因为共产主义是以个人的全面而自由的发展为基本原则的社会形式。社会主义社会是共产主义的低级阶段。在社会主义社会，只有人民真正当家作主、只有个人的全面发展，才能造成整个社会的生机和繁荣。目前，我们正处在一个伟大的改革开放时期，随着社会主义市场经济体制的建立和发展，民主政治体制的日趋完善，人们观念的不断更新，将为个人的全面发展提供更好的环境和条件。

第三，个人的发展与社会的发展相一致。从历史的角度观察，个人的发展与社会历史的发展具有同步性。凡是个人的发展与社会的发展不一致的时期或国度，其不一致的状况都不会持久。不是按照社会的要求改变个人，就是因个人发展的落后而影响社会。只有社会的发展与个人的发展大体同步，社会和个人的发展才是健康的和正常的。个人只有在促进社会发展的过程中才能实现自身的发展。

相关链接

鲁迅出身于清末浙江绍兴的一个破落封建家庭。年幼的鲁迅为了给父亲治病，不得不经常出入当铺和药店，遭人白眼。这使他深感求医问药的艰难，立志长大后学医，为同胞解除疾病之苦。1904年，鲁迅怀着这种美好的愿望，考入了日本仙台医学专科学校。当时的中国正遭遇着日本等帝国主义国家的宰割，中国人在异国他乡求学同样受人歧视。鲁迅所在的学校有一些军国主义思想严重的学生，把中国留学生叫做“清国奴”，并多次寻衅于鲁迅，这使他极为愤慨。一次，学校放映一部描写日俄战争的影片，其中一个中国人因给沙皇军队做侦探，被日军抓去杀头。当日本兵手执钢刀向他砍去时，一大群围观的中国人都显出麻木不仁的样子，好像被杀的不是自己的同胞，而是一头牲畜！鲁迅看了后，几天吃不下饭，睡不着觉，深感学医也并非能够救国，学医并不是最要紧的事。精神麻木的同胞，不管身体如何健壮，也只能做毫无意义的示众材料和看客。要救国，最要紧的是改变人们的精神，唤醒民众的觉悟，而改变人们精神的利器是文艺。于是，他弃医从文，提倡新文化运动，以笔向旧世界宣战，打破套在中国人民头上的精神枷锁，终于成了驰名中外的大文豪。他一生著述近千万字，为扫除控制中国人民数千年的封建主义思想作出了伟大贡献，促进了中国社会的变革和进步，被毛泽东誉为“中国新文化革命的主将，不仅是伟大的文学家，而且是伟大的思想家和革命家”。

总之，个人是社会中的个人，社会是由个人组成的社会。个人发展与社会发展在本质上是一致的，是互相促进、互为因果的辩证关系。

要正确处理个人与社会的关系。有的人把个人和社会对立起来，把个人凌驾于社会之上是错误的，因为它违背了个人和社会辩证关系的原理。当代青年学生肩负着振兴中华、建设中国特色社会主义的历史使命，要根据社会条件和社会发展的客观规律积极实现个人发展；要立足现实，开拓进取，不断提高自身各方面的素质，为社会的进步发挥自己的聪明才智。

如果一个人只是为自己而劳动，他也许能成为有名的学者，绝顶聪明的人，出色的诗人，但他永远不可能成为一个真正完美的伟人。

——马克思

名言

第二节　人生价值的实现

情景案例

汪金权是湖北省黄冈市蕲春县第四中学的语文教师。他扎根山区，倾力资助学生的事迹感动了荆楚大地，被誉为“大别山师魂”。其事迹被媒体广泛报道后，受到中央和地方的多项表彰。

他的名字中虽然有“金”、“权”二字，但是他的人生选择却与“金”、“权”背道而驰。1987 年，汪金权从华中师范大学中文系毕业，分配到有名的黄冈中学担任教师。有一次他到蕲春四中看望一位教师，得知该校在蕲春县北部大山深处，交通闭塞，条件艰苦。因为条件太差，一直留不住老师，也招不到好学生。汪金权听说这个情况后决定调过来，第二年他真的调到了蕲春四中，一呆就是 22 年。现如今他年仅 47 岁，三尺讲台上的一支粉笔染白了他的头发。这些年来他总额 10 余万元的工资，其中大部分资助给了学生，自己却家徒四壁。

汪金权扎根山乡 22 年，助学无数不记账。汪金权对学生的爱远近闻名。无论谁遇上困难，谁没有钱了，不管是不是他班级的学生，只要找来了，汪金权每次都是有求必应。22 年来，汪金权几乎把所有工资都用于资助贫困学生。汪金权来蕲春四

中后不久，就开始当班主任。1989 年春季开学，汪金权发现有些学生因家庭贫困没来上学。他一家家去劝家长："让伢们去上学，学费我先垫着。"以后，这些孩子们的学费从他工资里扣，有时因垫付得太多，到月底时工资都快扣没了。一个又一个的孩子因为他的资助延续了学业，甚至改变了命运。然而，等到自己的大儿子上大学时，他却拿不出学费。

汪金权在日记中这样写到："也许我的肉体只能蜗居在大别山的一隅，但我的灵魂会跟随我的学生走向四方；也许我是荒原上的一根电线杆，只能永远矗立在那儿，但我能把希望和光明送向远方；也许我可能永远是一座桥，但能让学生踏着我的身躯走向希望的彼岸，我就心满意足了……"

议一议：汪金权为什么能够放弃优厚的工作环境，到条件艰苦的山区学校任教？为什么能够长期资助困难学生完成学业？

实现个人的人生价值是每个人的理想和追求。青年学生更应该为实现自己的人生价值而努力奋斗。作为未来的幼儿教师，要树立正确的人生价值观，将自己的人生奉献给幼教事业。

一、价值和价值观

社会主义市场经济体制的确立和发展，使我国的经济结构和价值体系发生了历史性的变化，给我国社会经济的发展带来了巨大而深远的积极影响。市场经济既促进了社会群体视野开阔、思想活跃、奋发向上、竞争开拓、求实创新的价值观念，以及多元化和多层次的人生追求和价值取向的形成，同时又会使人们忽视社会主义道德原则和社会主义价值观，滋生享乐主义、拜金主义和极端的个人主义等负面效应。因此，我们必需清醒地认识到市场经济的两重性，正视其对社会群体人生观、价值观确立产生的双重影响。如何正确引导社会群体确立正确的思想意识、价值观念，尤其是帮助广大青年树立科学的、现代的、进步的社会主义核心价值观念是我们不能回避的问题。

（一）价值和价值观的含义

价值是个含义广泛的范畴，它既是经济范畴，又是哲学、伦理学、社会学、美学的范畴。价值又是人们生活中经常使用的概念，如经济价值、道德价值、审美价值、文学价值等。作为哲学范畴的价值，不是这些具体领域的价值，而是比具体领域的价值含义更加广泛、更加抽象的概念。它一般是指客体的属性满足主体需要的重要性，即某一事物或对象（客体）对人们（主体）的需要所具有的作用和意义。

一般来讲，凡是有“价值”的东西，它必然对人、对人类具有某种积极意义，能够满足人们的某种客观需要。而且，人们需求的角度不同，价值体现的效果也就不同。

由此可见，价值实质上属于“关系”的范畴，它是为满足人们物质需要或者精神需要而存在的一个广义的概念。因此，我们在理解价值这一概念时，应注意以下三点：第一，作为一个关系范畴，价值反映了客体属性和主体需要之间的关系，而不是客体本身。第二，价值关系中的客体是指除主体的人以外的其他事物，它包括自然界、社会和作为客体的人，以及作为客体的某些意识形态。第三，主体需要是指人的需要，它包括人的自然需要和社会需要，但从根本上说，人的需要是一种社会性需要。

蛋、奶、肉等营养品能够满足人的营养方面的需要；自然风光、雕塑作品、古代建筑能够满足人们审美、陶冶情操的需要；电影、小说、报刊等能够满足人们学习、娱乐等需要。这些客观对象对主体的人有一定的作用和意义，因此，它们是有价值的。在这里，主体需要与客体的属性是价值构成的两个不可缺少的方面。只有客体属性的存在，而没有主体的需要，或只有主体需要而没有客体属性的存在，都不能构成价值。

价值观是指一个人对周围的客观事物（包括人、事、物）的意义、重要性的总评价和总看法。一方面表现为价值取向、价值追求，凝结为一定的价值目标；另一方面表现为价值尺度和准则，成为人们判断事物有无价值及价值大小的评价标准。价值观人人皆有，但由于历史条件不同，人们的需要和利益不同，人们的价值观往往也就千差万别。不同的人对待同一事物往往具有不同的价值观。而且价值观随着历史的发展、人们的需要、利益和认识的变化而发生变化。

人们的认识活动和实践活动都是在一定的思想意识指导下进行的，其中最根本的指导思想就是价值观。人们的价值观不同，追求的具体目标、对待客观事物的态度和评价必然不同，行为的动机和效果也不一样。不同的价值观对个人与社会有着不同的导向作用。

忧心忡忡的穷人甚至对最美丽的景色都无动于衷；贩卖矿物的商人只看到矿物的商业价值，而看不到矿物的美和特性。

名言

——马克思

相关链接

有人说，如果把人当作一个纯粹的生物体出售的话，最多也就值几千元；如果把器官移植给他人，也许值几十万元。但这代表了一个人的价值吗？当然不是。人生不仅仅是一个自然过程，还包含着极为丰富的社会内容。人们在生产、交往的社会实践中形成了这样或那样的人生价值追求，以一定的人生观指导自己的行为，赋予人生这样或那样的意义。柏拉图说过，人是寻求意义的动物。树立正确的人生价值观对一个人的一生来说至关重要。

（二）价值观对个人和社会的导向作用

第一，价值观支配人生的一切选择。人们总会面临这样或那样的选择，包括工作方式、生活方式、为人处世和走什么样的人生道路等，这些都是在一定的价值观指导下进行的。没有正确的价值观，人往往虚度年华，一事无成，甚至自私贪婪，堕落犯罪。只有树立正确的价值观，才能贡献社会，创造辉煌的人生。

相关链接

人民英模吴天祥

全国优秀共产党员、全国道德模范吴天祥，是武汉市武昌区政府巡视员，从事志愿者服务30多年，一心一意为群众做好事、办实事。他9次为人民义务献血，4次跳入长江救人，先后照顾过26位孤寡老人、6名孤儿，结识了300多个“穷亲戚”，为江城许许多多困难群众排忧解难。

吴天祥看望孤寡老人

1944年，吴天祥出生于湖北省钟祥县。20世纪60年代他是“五好战士”，70年代他是“公安标兵”，80年代他是“劳动模范”。但吴天祥真正走入公众的视野，还是20世纪90年代他担任武汉市武昌区信访办副主任之后。在这个平凡的岗位上，他默默工作，无私奉献。数年间，他接待上访群众万余次，处理问题近万个，积极为贫困户解难。为帮助军属解决住房困难，他曾骑着自行车在武昌与汉口之间跑了7趟；为了疏通居民院的公厕和下水管道，他跳进窨井清除障碍；为了资助有困难的群众，他省吃俭用……他说：“民之难即党之忧，共产党的干部就是要为党分忧，为民解难。”

吴天祥始终坚持“人生在世，‘奉献’二字”的人生观，乐于助人，乐于结交“穷亲戚”、“穷朋友”，经常为生活有困难的群众提供帮助。多年来，他利用休息时间，串百家门、知百家情、暖万人心，帮助无数有困难的人渡过难关，人们视他为亲人。他为政清廉，拒绝吃请，拒收礼品，淡泊名利，用自己的实际行动诠释了一个共产党员的品格。

吴天祥当上武昌区人民政府副区长后，工作忙了，群众找他难了。面对群众的实际困难，吴天祥比谁都着急，上任后不久，他便将家里的电话向全区几十万人公布，并叮嘱家人，不论谁在家，群众打来的电话都得认真记录。吴天祥说：“联系群众不是做给领导看的，百姓找我，不方便怎么行？”

即使在退居二线以后，吴天祥也时刻牢记全心全意为人民服务的宗旨，只要有利于党和人民利益的事都认真去做。年过六旬的吴天祥，依然每天坚持清晨 6 点起床，早早地赶到政府接待室走走看看，遇到有上访的群众，他耐心接待他们，并千方百计地出面协调，力所能及地解决群众困难。

在吴天祥精神的感召下，近年来，湖北省和武汉市成立了 1 万多个“吴天祥小组”，近 10 万党员干部和青年志愿者常年活跃在街道、社区，“为党分忧，为民解难”，在政府与百姓之间架起了一座“连心桥”。

议一议：吴天祥始终坚持“人生在世，‘奉献’二字”的人生观是受什么支配的？

第二，价值观引导人们认识世界和改造世界的活动。价值观是一种社会意识，人们的头脑一旦形成某一种价值观，便会用它指导认识世界和改造世界的活动。在这些活动中，人们首先要判断所做的事情是否具有价值。没有价值的事情，人们往往是不会去做的。因此，价值观对人们认识世界和改造世界具有导向作用。

名言

一个人的价值，应当看他贡献什么，而不应当看他取得什么。……对于我来说，生命的意义在于设身处地地替他人着想，忧他人之忧，乐他人之乐。……一个人对社会的价值首先取决于他的感情、思想和行动对增进人类利益有多大作用。

——爱因斯坦

相关链接

目前石油和煤炭是人类主要依赖的能源，在利用这些传统能源的过程中，产生了严重的环境污染问题，再加上石油和煤炭资源储量越来越少，能源枯竭将对人类社会提出严重挑战，人类面临的能源短缺问题是21世纪最大的经济问题，环境保护问题同样关系着人类的生存发展，是全世界面临的挑战，将影响到每个人的生活。人类究竟应该如何解决能源和环保两大问题呢？世界各国都为此而采取了强有力的措施，如研究节能环保技术和开发新能源，等等。于是清洁能源就成为了热门话题。在当前世界经济危机面前，许多产业不同程度地萎缩了，唯一没有萎缩反而大量投资的一个行业就是清洁能源，很多国内国际能源巨头纷纷加大对清洁能源的投资，专家预计清洁能源将是21世纪的主导产业，也是继金融行业危机后，最有经济发展价值的产业。世界上许多国家正在投入巨资发展清洁能源，以解决经济问题和环境问题。我国对能源过度开发和对生态环境的破坏问题高度重视，积极倡导清洁能源在以后经济发展中的重要性，鼓励采取有力措施发展清洁能源。在经济发展中，如何处理经济增长与实现可持续发展的关系，向来存在着用什么价值观指导的问题。为了实现“可持续发展战略”，党中央提出了科学发展观，努力使国民经济实现又好又快发展。

想一想：人类认识和改造世界的活动还有哪一些？

总之，价值观对人们认识世界和改造世界的活动以及人生道路的选择，具有普遍的、显著的导向作用。当代青年一定要树立和坚持正确的价值观，用正确的价值观指导自己的人生道路，实现自己的人生理想。

二、人生价值的判断与选择

相关链接

据说，某一天，西方一位教授带领他的学生们到实验室，向他们展示构成一个人身体的全部物质。这些东西装在一排贴着标签、排列整齐的密封瓶子里。教授说：“这是从前一个叫约翰·史密斯的人的全部物质。”学生们记下玻璃瓶上的标签：够装满一只10加仑圆桶的水、可做7块肥皂的脂肪、可做9000支铅笔的碳、可做2000根火柴的磷、可做2个钉子的铁、够粉刷一个鸡窝的石灰、少量的镁和硫磺。人的价值是不是就是这些物的价值的总和呢？显然不是。一个人是否有价值，价值的大小如何，并不存在于“人本身”之中，而存在于“人与人”之间的关系中。

议一议：为什么一个人是否有价值，价值的大小如何，并不存在于“人本身”之中，而存在于“人与人”之间的关系中？

名言

你若要喜爱你自己的价值，你就得给世界创造价值。

——歌德

人的价值，即人对自身的意义，就在于人能够创造价值以满足自身的需要。荀子说，人“最为天下贵”。毛泽东也说，在世间一切事物中，“人是第一个可宝贵的”。人之贵就在于能够创造价值。人的价值不同于人以外一般事物的价值，人的价值是一种能够创造价值的价值，是一切价值中最高的价值。

（一）人生价值的含义

人生价值是指一个人的人生实践活动在多大程度上满足了个人和社会的需要。人是处于一定历史条件下从事实践活动的人，马克思主义哲学认为离开社会和集体，离开人们之间的社会关系，孤立的个人是无所谓价值的。因此，一个人的一生是否有价值，不是指他对自身来说有什么意义，而是指他的存在和活动能否或在多大程度上满足了他人和社会的实际需要，也就是说，能否或在多大程度上对他人和社会作出贡献。

相关链接

一个著名的舞蹈演员，事业非常成功，正准备去参加一个国际的比赛。可就在前几天，她被确诊为骨癌。她面临着两条路：要么截肢，要么死亡。身为一名舞蹈演员，失去了双腿就像失去了生命。她进退两难。她不愿，可这又有什么办法呢？最终，她选择了辉煌，选择了那一瞬间的美丽。当她站在舞台上时，她步伐轻盈，丝毫看不出她是个重病在身的人。当她走下舞台时，她再也没有起来。这是一个真实的故事。一生的努力，最终化身为舞台上的一次演出。她，用舞台上短短的十几分钟，将生命的价值定义为灿烂、辉煌。

议一议：著名的舞蹈演员为了舞蹈艺术，与癌症抗争，宁可放弃生命，这样值得吗？

（二）人生价值在于对社会的贡献

人生价值包括两个方面：一是个人对社会的责任和贡献，这体现了个人行为对社会和他人的意义，称为人生的社会价值；二是社会对个人需要的尊重和满足，体现了社会对个体存在和个体对自身存在的意义，称为人生的自我价值。人生价值是人的社会价值和自我价值的统一。社会价值通常被人们称为贡献，而把自我价值则说成是索取。个人在对社会作出贡献、推动社会发展的同时，也就为个人索取打下了基础；个人从社会中得到生存和发展所需要的东西，又会激发起更大的积极性和创造性，就会为社会作出更大的贡献。因此，贡献与索取是相互联系，密不可分的。

人的社会性决定了人生的社会价值是人生价值的最基本内容。一个人的生活具有什么样的价值，从根本上说是由社会所规定的，而社会对于一个人的价值评判，也主要是以他对社会所作的贡献为标准。人生的真正价值在于对社会的贡献。

第一，社会的存在和发展要求社会成员对社会尽责任作贡献。一定的物质财富和精神财富的增长是人类社会存在和发展的必备条件，也是为了满足个人生存和发展的需要。这就要求每个社会成员承担相应的社会责任，通过创造性的劳动，为社会作出更多的贡献。否则，社会就不能存在，个人的生存和发展就失去了保证。

人们只有为了同时代人的完善，为了他们的幸福而工作，他自己才能达到完善。

名言

——马克思

相关链接

马班邮路上的忠诚信使——王顺友

“对面山上马铃响，绿衣使者送信来，端茶送水好热情，亲人来信乐开怀。”每隔七八天，苗族山歌和悦耳的马铃声，就会在木里藏族自治县至白碉乡、三桷桠乡和倮波乡的马班邮路上响起。一听到歌声和马铃声，藏区的老百姓都会兴奋地从家里跑出来，大声地招呼着：“老王来了，老王来了。”被人们亲切地称为“老王”的人叫王顺友。老王是苗族人，43岁，在木里藏族自治县邮政局担任乡邮员，负责木里县城至该县白碉乡、三桷桠乡和倮波乡的邮件投递工作。四川省木里藏族自治县位于青藏高原和云贵高原的结合处，大山环绕、沟壑纵横，交通极为不便。时至今日，马班邮路仍是这里与外界沟通的重要渠道甚至是唯一渠道。

王顺友说：“我啥苦都不怕吃，就怕孤独和寂寞啊。山上没有人，到了晚上最害怕了，我只有看着自己的马和它说说话，抽上一袋旱烟，喝上几口烧酒解闷儿。”乡亲们都称王顺友为“王胆大”，因为他一个人敢走这条充满危险和艰辛的路；因为他敢在下雨有泥石流的情况下走这条路；因为他敢在下着雪的时候翻越海拔4190米的察尔瓦梁子；因为他敢一个人走在过去有歹徒出没的这段路上。其实，王顺友的胆大是源自他对工作的忠诚，对乡亲们的热爱。

就这样，在恶劣的自然环境和艰苦的工作条件下，在马铃孤寂的叮当声中，王顺友以超乎常人的坚韧，日复一日，年复一年，在漫长的马班邮路上孤独跋涉了20年，行程26万多公里，相当于走了21个二万五千里长征，相当于围绕地球转了6圈！他把党的声音、外界的信息、亲友的音讯传送给了大山里的千家万户，赢得了各族群众的欢迎和赞誉。2005年10月19日，在瑞士伯尔尼万国邮政联盟总部，王顺友的报告感动了来自86个国家的300多名与会代表。万国邮联国际局副总局长黄国忠对王顺友说："你今天震动了万国邮联，可以说是誉满全球，希望你以后再接再厉，一定要走好马班邮路。因为作为一个普通的中国乡村邮递员，你是第一个被邀请走上万国邮政联盟讲台的人，成了世界邮政的明星。作为中国人，我为你骄傲，你为中国邮政争了光，为中国人民争了光！"

正是由于王顺友的突出贡献，全社会才给予了他极高的尊敬。也正是因为这样，王顺友这位只读过小学三年级的普通人，有了不平凡的人生，表现出了巨大的人生价值。在人类的历史长河中，只有为社会作出贡献的人，历史才会记住。因此，每个人都应该不断地为社会发展和进步做出自己的努力，在实现社会价值的同时，追求自我价值，真正体现出人的社会价值和自我价值的高度统一。

议一议：王顺友在平凡的工作岗位上做出了感动世界的事迹，你有什么感受？

第二，个人对社会的贡献是衡量人生价值的标准。看一个人的人生有没有价值或价值的大小，不是看他从这个社会里取得了多少物质，自身需要得到了多少满足，而是主要看他对社会创造了多少物质和精神财富。一个人如果对社会的发展和完善作出了贡献，就表明他是有价值的，他的生活是有意义的；如果他对社会没尽到自己的责任和义务，甚至有损于社会利益，他就没有什么价值和意义。

个人对社会的贡献主要表现在物质贡献和精神贡献两个方面。这两方面是相辅相成和统一的。在实际生活中，由于物质可以计量且看得见摸得着，所以人们往往只看到个人在物质方面对社会作出的贡献；精神方面的贡献由于无法用数字计量往往被人们忽略。因此，我们在评价一个人的人生价值时，不能把他对社会的物质贡献大小作为唯一尺度。衡量一个人的人生价值，既要看他在物质方面的贡献，又要看他在精神方面如思想道德、文化教育、科学精神等方面对社会的贡献。

一般来说，一个人的物质贡献和精神贡献是交织在一起的，不同的是，有的人在物质方面的贡献大一些，有的人在精神方面的贡献更突出一些。

相关链接

舟曲之子——王伟

王伟是武警甘肃总队甘南藏族自治州支队舟曲县中队副中队长。回望2010年那个多灾之年，至今伤痛犹在，舟曲泥石流给我们留下了沉甸甸的记忆。在最危急的时刻，困境中的百姓总是能见到那一抹军绿色。2010年8月7日晚11时20分，雷电、暴雨笼罩着舟曲县城，随后，巨大的泥石流翻滚着涌来，灾难降临，在中队领导的指示下，王伟和战士们立即投入到紧张的救援工作中，他们顾不得危险，更顾不上休息，一直奋战在救援第一线。

王伟在舟曲泥石流救援现场

在泥石流灾情发生后，王伟与战友们先后救出23名幸存群众，抢挖出9具遗体，并协助交警指挥疏通车辆5000多台，引导救援部队40余批，共有5600余名群众得到及时营救和转移。但是灾难却夺走了王伟的妻子张蓉及岳父母、妹妹、还有他未出生的孩子，共5个人的生命，王伟的家离他救人的地方仅有500米。

人们的物质贡献或精神贡献，有的表现为重大的发明创造，有的表现为惊人的英雄壮举，而大量的则表现在平凡工作中的默默奉献。作为将来从事幼儿教育的幼师生，应该刻苦学习科学文化知识，努力培养热爱本职工作、踏实肯干的良好品质，为将来实现自己的人生价值做好充分的准备。

（三）人生价值的判断标准和方法

人生价值评价的根本尺度，是看一个人的人生活动是否符合社会发展的客观规律，是否通过实践促进了历史的进步。人生价值评价的基本尺度，是劳动以及通过劳动对社会和他人作出的贡献，这是社会评价一个人的人生价值的普遍标准。

要比较客观、公正、准确地评价社会成员人生价值的大小，除了要掌握科学的标准外，还需要掌握恰当的评价方法。

相关链接

《百万英镑》是美国著名讽刺小说作家马克·吐温写的短篇小说。小说生动地描绘了金钱在资产阶级关于人的价值的标准定义中所起的作用。小说中的主人公原来是个穷光蛋，他在别人眼中一文不值。后来，他手中有了一张百万英镑的支票，身价马上就变了，许多资本家对他刮目相看，开始奉承他、巴结他，让他免费在高级饭店吃住。当他失去这张支票时，他的身价大跌，索款逼债的人纷至沓来。这篇小说艺术地展现了资产阶级人生价值观的公式：有钱＝有价值；金钱多＝价值大；金钱少＝价值小；没有金钱＝没有价值。

议一议：结合以上资料，谈谈你对“金钱不是万能的，没有金钱是万万不能的”这一观点的看法？

人生价值的科学选择是当代青年学生思考人生、实现人生价值的重要切入点。众所周知，人生活动的目标是人生活动的动力之一，它对于活动的成败具有特别重要的意义。一个人制定的行为目标越科学，其人生价值的选择就越正确，其人生价值就越容易实现。因此，人生价值选择的过程实际上也是人生价值目标选择的过程。

第一，人生价值目标对于人生价值的选择具有重要意义。

人生价值目标就是人们在社会生活中，为了实现人生价值所追求的最终目的。人生价值目标是多种目标组成的综合统一体。从不同的角度，可以把人生价值目标划分为多种类型。例如，根据人生的不同内容来划分，人生价值目标可分为社会价值目标、个人价值目标，物质价值目标、精神价值目标；根据目标高低的不同可将人生价值目标分为长远目标、中期目标和短期目标等。人生价值目标贯穿于人生的社会实践活动的始终，规定着人生实践活动的方向、内容及方式，从根本上体现行为主体的人生价值观，直接或间接地影响着人生的一切行为，起着人生导向的重要作用。

相关链接

罗杰·罗尔斯是纽约州第五十三任州长，也是纽约历史上第一位黑人州长。他出生在声名狼藉的大沙头贫民窟。在这儿出生的孩子，长大后很少有人获得较体面的职业。然而，罗杰·罗尔斯是个例外，他不仅考入了大学，而且成了州长。在就职后的记者招待会上，罗杰·罗尔斯对自己的奋斗史只字未提，他仅说了一个非常陌生的名字——皮尔·保罗。

后来人们才知道，皮尔·保罗是他小学的一位校长。1961年，皮尔·保罗被聘为诺必塔小学董事兼校长，当时正值美国嬉皮士流行的时代。他走进大沙头诺必塔小学的时候，发现这儿的穷孩子比"迷惘的一代"还要无所事事，他们旷课、斗殴，甚至砸烂教室的黑板。皮尔·保罗想了很多办法来引导他们，可是没有一个是奏效的。后来他发现这些孩子都很迷信，于是在他上课的时候就多了一项内容——给学生看手相。他用这个办法来鼓励学生。

当罗尔斯从窗台上跳下，伸出小手走向讲台时，保尔·保罗说，我看你修长的小拇指就知道，将来你是纽约州的州长，罗尔斯大吃一惊，因为长这么大，只有他奶奶让他振奋过一次，说他可以成为五吨重的小船的船长。这一次，皮尔斯先生竟说他可以成为纽约州的州长，着实出乎他的意料。他记下了这句话，并且相信了它。

从那天起，纽约州州长就像一面旗帜。他的衣服不再沾满泥土，他说话也不再夹杂污言秽语，他开始挺直腰杆走路，他成了班主席。在以后的40年间，他没有一天不按州长的身份要求自己。五十一岁那年，他真的成为了州长。

在他的就职演说中，有这么一段话。他说，信念值多少钱？信念是不值钱的，它有时甚至是一个善意的欺骗，然而你一旦坚持下去，它就会迅速升值。在这个世界上，信念这种东西任何人都可以免费获得，所有成功者最初都是从一个小小的信念开始的。信念是所有奇迹的萌发点。

尽管这个第53任纽约州州长罗杰·罗尔斯是一个虚构人物，但这篇最早出现在《读者》上的文章却被广泛转载而声名远扬，进而被许多网民引用为经典的励志故事。事实上纽约州真正的第53任州长是George Pataki，而纽约州第一任黑人州长是于2007年3月17日上任的失明黑人戴维·帕特森，不过在很多人看来，他的传奇经历简直就是罗杰·罗尔斯的翻版。

议一议：罗杰·罗尔斯不经意之间制定的人生价值目标成了他日后学习工作的不竭动力，在这种价值理想的召唤和鞭策下，他终于实现了当纽约州长的人生价值目标，这对你有什么启发？

纵观历史，横看现实，崇高的价值目标对于人们的人生价值的选择具有极其重要的作用。如果一个人确立了崇高的价值目标，他就会自觉地以自己的全部感情、意图、希望和行为服从于这一目标，他就会达到理想的客观效果，就会得到肯定的价值评价。

相关链接

像张海迪那样探索和实现人生价值

张海迪自幼因患病高位截瘫，生活不能自理，她苦闷过、彷徨过、绝望过，她也想到过自杀了此一生，但是她在亲人的关怀帮助下树立了生活的信心，在“保尔·柯察金”等英雄人物的激励下，重新扬起了生活的风帆。这些年来，她不仅克服常人难以想象的困难，学会了料理自己的生活，而且还自学了从小学到大学的全部课程，成为了一名有所成就的作家。她不仅用行动打破了医学专家对于“她可能没有很长的生命，如果要是得了肺部感染，或者是褥疮，会因为感染而死去”的断言，而且成为对社会有所贡献的人。张海迪的人生轨迹，对每一位身体健康的人或身有残疾的青年朋友来说，都有着深刻的启迪：不管人生遇到多大的困难和挫折，只要对生活充满信心，对人生充满渴望，对未来有着美好憧憬，命运就掌握在你自己手中。

张海迪在作报告

20 世纪 80 年代初，张海迪作为改革开放后的第一个“有理想、有道德、有文化、有纪律”的“四有新人”典型，她身残志坚，自强不息的人生态度和向不公命运挑战的永不服输的进取精神，曾强烈震撼人们的心灵，影响了几代人的成长。

20 多年过去了，张海迪始终用理想和信念在探索人生，用轮椅托着那高位截瘫的身躯，用拼搏和奋斗，播撒人生的希望和收获。面对不公的命运，张海迪选择了抗争，她没有自暴自弃，而是坚持不懈，勇敢抗争，用坚强创造人生奇迹。张海迪的人生价值主要在于她自强、自励，用生生不息的奋斗，创造人生的极致。张海迪的人生价值在于她不求所取，坚持走自己的路，用自我奋斗实现人生的梦想。

张海迪的人生经历，值得每个年轻朋友珍视和学习，年轻人应该像她那样去探索和实现人生的价值。张海迪的人生，因美丽而精彩，因精彩而绚丽，但愿每位青年朋友都来读一读和品味一下张海迪这部人生的教科书。

议一议：回顾自己在学习和生活中遇到困难时的态度，从张海迪的故事中你感受到了什么？

第二，科学选择人生价值目标。

每个人在历史长河中都是一朵微小的浪花。时间对每个人都是公平的，然而，公平的时间给予对每个人来说意义却不同，有的人一生庸庸碌碌、无所作为，最终像一颗尘埃，随着生命的终结而灰飞烟灭；而有的人则利用自己短暂的生命为人类创造了无穷的价值，因而永垂千史。

人生价值目标是否科学，既要看个人价值目标是否符合社会价值目标，又要看个人价值目标是否符合自身条件。

科学的人生价值目标必须符合社会价值目标。人是社会的人，是处于一定社会历史时期和一定社会发展阶段的人。从这个意义上说，个人对社会是不可选择的。因此，社会基本的价值取向在客观上制约着个体价值目标。归根结底，个体人生价值目标符合社会价值目标的定向不可颠倒。在人生实践中，个体对此认识越自觉、越深刻，人生价值的实现就越主动，人生价值实现的可能性也就越大；反之，人生价值的追求就越被动，甚至迷失真正的价值目标。

一个人应当按照社会的要求不断改变自己、更新自己，在个人发展与社会需要发生矛盾时，个人应当自觉地调整自己发展的方向，以服从和适应社会的需要。在个人价值目标与社会价值目标发生冲突时，个人应当按照社会价值目标，校正自己人生的航向。我们说个人价值目标必须符合社会价值目标，并不是简单地以社会目标取代个人目标，而是要求个体不同层次、不同境界的价值追求在基本取向上必须与社会基本目标相一致，在此前提下，个体的价值选择可以呈现出多样性。而要做到这些，就应该考虑以下两点：一是增强社会价值目标的兼容性，即在追求社会价值目标时兼顾个人价值目标，使社会价值实现的同时也有助于个人价值的实现。二是扩展个人价值目标选择的空间，即在个体的个人价值目标与社会价值目标发生矛盾时，尽可能为此提供一个调整更换价值目标、重新进行价值选择的广阔范围。一般来说，当人们的个人价值目标难以实现或必须放弃时，如果能有调整目标或重新选择的余地，个人就会在一定程度上保持心理平衡，从而降低个人价值与社会价值的矛盾程度。

科学的人生价值目标必须从自身现有的实际条件出发。人生价值的追求不是一种空洞的、纯粹的观念运动，相反，它是一种按照一定的人生价值目标而进行的无限丰富的人生实践活动。在这个过程中，人生价值目标的科学选择是人生价值实现的重要前提，而这一选择除了应该符合社会主导价值目标以外，还应考虑自身的条件，包括个体的性格、特征、能力、潜力、兴趣爱好、身心素质等。一般来说，个体人生价值目标越符合自身实际，其行为的自觉性越高，实践的成效往往就越好，就越有利于促进人生价值追求的不断发展。

三、实现人生价值的条件和途径

人生价值的实现是人们以自己的人生实践活动不断改造外界物，创造社会财富，满足社会和自身需要的过程。这种创造活动不是随心所欲的，它既受制于一定的社会历史条件，又取决于个人主观努力与奋斗的程度。

名言

如果人只为自己劳动，他也许能成为有名的学者、绝顶聪明的人、出色的诗人，但他决不可能成为真正的完人和伟人。

——马克思

（一）实现人生价值的客观条件

一个人要实现人生价值，必然会受到客观条件的影响和制约，具体表现在以下几个方面：

第一，实现人生价值的社会经济条件。广义的社会经济条件包括生产力和生产关系。每一个历史时代的生产力发展水平对于当时的人们创造社会财富的活动具有决定性的意义。一般来说，生产力发展水平越高，人们实现人生价值的物质条件越好；反之，生产力发展水平很低，则会在一定程度上影响人生价值的实现。同样，每一历史时代的生产关系对人生价值的实现也有不可忽视的影响。这主要表现在，不同的生产关系给人们提供的生产活动和社会交往的条件不同，提供的需要和满足需要的方式和手段也不同，正是这种不同的条件形成了人们不同的社会地位，因而也形成了人们不同的价值观念。而价值观念不同，人们创造价值的内容、类型、程度和方向也不相同。

第二，实现人生价值的社会政治条件。社会政治条件包括一定社会的政治制度、法律制度以及统治阶级的路线、方针、政策等。它对人的价值观念的形成和人生价值的实现方式有着直接的影响。政治法律制度一旦形成，就会成为一种客观的现实力量，在很大程度上规范和影响着人们的价值观念。社会主义社会确立了人民群众当家做主的主人翁地位，为人们充分发挥自己的创造力，充分实现人生价值提供了前所未有的机会和条件。它能在生产力发展水平和国家政治法律制度所允许的范围内，逐步地为每个人的全面发展和价值实现创造更多的条件。在这里，只要人们为包括自身在内的社会作出贡献，社会都会给予尊重和回报，使其人生价值得以体现。

第三，实现人生价值的社会文化条件。文化是处于一定社会形态的人，直接或间接、自觉或自发地为适应和改变自己的生存环境而进行的精神生产的产物。其中，科学文化水平的高低是决定人的创造能力大小的重要因素之一。一般来说，社会整体的科学文化水平越高，人们的创造潜力越不容易得以发挥。另外，舆论环境对人生价值的实现也起着非常重要的作用。舆论环境对个体来说具有客观性，作为一种社会精神力量，健康的舆论环境会激励、鼓舞人们奋进和创造，不健康的舆论环境则腐蚀、涣散人们的斗志，阻碍人们的创造活动。

（二）实现人生价值的主观条件

人生价值的实现，受个人条件的制约。个人内在素质状况，在很大程度上决定人生价值的实现状况。在我国，社会的发展，为个体人生价值的实现提供了广阔的舞台，文明的进步也为人们创造有价值的人生提出了更高的要求。

当然，青年学生只有把个人前途与国家前途紧密结合起来，把个人的抱负与祖国的建设紧密结合起来，把个人的追求与人民群众的创造性历史活动紧密结合起来，把个人的作用与群众的力量汇集在一起，才能最大限度地实现人生价值。

第一，正确认识人生责任的实质。生活在社会中的人，总是处于多方面的社会关系中，不论是哪一种性质的关系，从本质上来说反映的都是相互之间的利益关系。在我国现阶段的社会生活中，国家利益、集体利益和个人利益等利益都要求个人对人和社会履行一定的责任和义务，人生责任既是人们之间利益关系的一种体现，又是调节个人与他人、个人与社会之间利益关系的一种有效手段，也是人的价值意义的体现。这就是人生责任的实质。

相关链接

李国安，北京军区给水工程团团长，1946年出生于一个贫困家庭，4岁时父亲就去世了。共产党使中国人民翻身得解放，从小时候起李国安就对共产党怀有深厚的感情。15岁参军后，他最大的愿望是早日成为一名共产党员。李国安在部队40年，党叫干啥就干啥，先后当过骑兵，干过医生，挖过煤，种过地，搞过营建，无论在什么岗位，干什么工作，他都以一个共产党员的标准严格要求自己，服从组织需要，干好本职工作。提干后，他曾当过10年排职，10年连职，10年营职，从没有任何怨言。不论是当一般干部，还是担任领导职务，他干一行，爱一行，钻一行。在农场期间，他带领官兵每年为部队创收数十万元；担任后勤处长时，他下大力抓好部队的基础建设，改变了营院面貌；担任给水工程团团长后，他致力于建设现代化的野战给水部队，固定资产由原来的几百万元发展到现在的1.3亿多元，使部队的战斗力提高了近10倍，该团还荣立了集体一等功。该团先后完成了解决内蒙古边防地区10万军民吃水、用水难的“952”工程、张家口地震灾区的“救灾扶贫百井”工程、“992”工程和改善呼和浩特地区生态环境的“大青山生态绿化”供水工程，共为边疆军民打井500多眼，收集了2万多个水文数据。完成普查面积8.4万平方公里。这些工作，有力地促进了地方的经济发展、民族团结和社会稳定，把党的温暖送到了人民群众的心坎上。

1994年春，李国安因患腰椎管肿瘤，下腰部3块椎骨各被切除了三分之一，留下了一条无法愈合的骨槽，但他围着一条15厘米宽的钢转腰，又拖着病体上路勘察。在4个多月里，他总行程24800公里，获取大量第一手资料，与工程技术人员一起写出了22万字的专题报告，还勘察了109眼井位。他用自己“上不愧党，下不愧民”的模范行动，忠实地履行了我党我军全心全意为人民服务的宗旨，被中央军委授予“模范团长”的光荣称号。

议一议：在客观条件不利的情况下，李国安人生价值的实现是什么起了决定性作用？

第二，正确处理人生责任与人生权利的关系。马克思主义经典作家认为，没有无义务的权利，也没有无权利的义务。一方面，人生权利是人生责任的直接基础和履行人生责任的保证。没有权利作保障，人就会逃避自己的责任，拒绝履行自己的义务。另一方面，人生责任又是行使人生权利的前提。不能很好地履行义务和责任的人，他的权利的使用就要受到限制。更重要的是，一个人只有具备了对社会、对集体、对他人的明确的历史责任感，才会为包括自身在内的社会带来更多更大的权利。

在不同的社会里，人们的人生责任和人生权利的结合情形是不一样的。在我国，由于基本消灭了人剥削人的社会经济基础，国家、集体、个人利益基本一致。作为社会主义的劳动者，应该自觉履行义务，充分享有权利，实现人生责任和人生权利的基本统一。

第三，认清时代使命和社会责任。人生所肩负的责任是多种多样的，但在所有的人生责任中，个人对国家的责任是最重要的。这不仅是因为国家的存在和发展客观地要求每个人去履行自己的责任，而且也因为个人只有在履行对国家的责任中才能实现人生价值。个人对国家的责任是人生责任的核心，它制约和影响着其他各种具体责任的实现。

不同的社会和时代使得社会责任具有不同的内容，只有把握社会发展的方向，认清时代的特征，才能在履行人生责任的过程中，具有明确的目标和坚定的方向。从世界历史发展的总趋势看，社会主义取代资本主义是历史发展的必然规律，尽管目前社会主义制度与资本主义制度并存竞争、交互作用的态势变化多端，错杂微妙，尽管世界社会主义暂时处于低潮，但广大青年学生应该“风物长宜放眼量”，坚定社会主义必胜的信念。从中国的前途来看，未来的几十年是至关重要的。21 世纪是你们的世纪，中国社会主义现代化建设的重任，历史性地落在你们肩上。实现祖国的富强、人民的富裕和中华民族的伟大复兴，是全国人民的历史使命，也是当代青年的历史使命。

不同的社会时代，也决定了人生社会责任的履行具有不同的途径。针对改革开放和社会主义市场经济进程中的新特点、新情况、新问题，当代青年的成长必须与国家、人民的需要结合起来。改革开放和社会主义现代化建设，为青年一代的成长提供了广阔的舞台，只要他们有为祖国、为人民贡献青春的志向，满腔热情地投入到建设祖国的伟大事业中去，认真学习和掌握知识和技能，把自己的聪明才智奉献给祖国和人民，就一定能够成长为有用之才。

（三）实现人生价值的基本途径

第一，充分发挥劳动创造能力。在人类漫长的发展历史中，人类的每一个进步都是用辛勤的劳动创造的。人类社会是人类实践活动的产物，劳动创造了人本身。

今天世界上所有能够显示人类智慧和才能的发明创造和社会进步，都是人们劳动实践的结果。从价值形成上看，人生价值是在劳动创造中形成的，人只有在自己的岗位上埋头苦干，发挥聪明才智获得劳动创造能力，才能获得稳定的价值属性。劳动是实现人生价值首要的、基本的途径。

相关链接

汗水和丰收是最踏实的伙伴，价值和艰苦劳动紧密相连。伟大的发明家爱迪生就说过，世间没有一件有价值的东西，是可以不经过艰苦辛勤的劳动而能够得到的。曹雪芹在谈到《红楼梦》时曾说："字字看来都是血，十年辛苦不寻常。"为人类作出巨大贡献，都是因为他们付出了一般人所未付出的艰苦劳动。

我国伟大的文学家鲁迅先生在总结他的成功经验时说，他是把别人喝咖啡的时间都用在了工作上。他的一生是不知疲倦地劳动和战斗的一生，他为中国人民建立了不朽的革命业绩，留下了丰富的文化思想遗产。他曾深有感触地说，伟大的业绩和辛勤的劳动是成正比例的，有一份劳动就有一份收获，日积月累，从少到多，奇迹也就可以创造出来。

今天，世界正发生着日新月异的变化，科学技术不仅以令人难以想象的速度，深刻影响着人类经济和社会的发展，而且为知识经济时代的到来奠定着基础并成为其前提条件。在即将到来的知识经济时代，知识更新的速度将加快，从技术和经验上赶上发达国家的周期将缩短，发展中国家通过学习别国技术和经验而赶上发达国家的难度将增加。一个国家如果缺乏雄厚的科学和技术储备，缺乏对国防科技前沿动态的识别和回应能力，缺乏创新意识能力，必然失去在国际市场上的价值竞争能力和国内市场竞争优势，陷入被动挨打的局面。

在这既有机遇也有挑战的道路上，当代青年学生应该充分发挥自己的劳动创造性，积极培养创新意识，提高自己的创新能力，最大限度地实现人生价值。

第二，发扬艰苦奋斗的精神。从古到今，无论是国家民族的兴旺，还是个人事业的成功，都离不开艰苦创业。一部中华民族历史，就是炎黄子孙为民族的生存和发展而艰苦奋斗的创业史。依靠这种艰苦创业的精神，中华民族战胜了一个又一个困难，克服了一个又一个障碍，涌现了一批又一批光照日月和名垂青史的英雄，谱写了一曲又一曲高亢激越的创业精神的颂歌。如张思德、雷锋、焦裕禄、王进喜、孔繁森等先进人物，形成了“长征精神”、“雷锋精神”、“焦裕禄精神”、“铁人精神”和“孔繁森精神”，他们能够正确处理苦与乐、生与死的关系，这些精神就是艰苦创业精神在不同历史时期最具体、最生动的体现。实践证明，具备了艰苦创业的精神，就意味着具备了一种百折不挠、顽强拼搏的坚韧斗志，一种自强不息、勇往直前的进取精神，一种不怕牺牲、不懈追求的坚强毅力，一种埋头苦干、勤勤恳恳的务实作风，一种常怀忧虑、居安思危的清醒态度，一种富贵不淫、贫贱不移的高尚情怀。

对于当代青年学生来说，如何发扬艰苦创业的优良传统呢？第一是要培养吃苦精神，第二是强化创业意识。一个人要想成就一番事业，必须勇于吃苦、苦中求乐。

相关链接

孔繁森生前是西藏阿里地区的地委书记。他自觉以党和人民的需要为己任，两次进藏工作，在雪域高原奋斗十个春秋。1979 年，他告别年逾古稀的老母、体弱多病的妻子和尚处幼年的孩子，在海拔 4700 多米的西藏自治区岗巴县一干就是 3 年。在此期间，他经常深入乡村、牧区与群众一起干农活、修水利。1988 年，他克服困难再次带队进藏任拉萨市副市长，分管文教、卫生和民政工作。他跑遍全市绝大部分中小学校、敬老院和养老院，为教育事业奔波操劳，给孤寡老人送去温暖。他领养了地震灾区的 3 个藏族孤儿，并隐姓埋名先后 3 次为他们献血。1992 年，他又被任命为“世界屋脊的屋脊”的阿里地区任地委书记。1994 年，阿里高原发生罕见暴风雪灾，他带领工作组第一时间赶到受灾地区，把救济粮和救济款送到受灾群众手中，每天工作到深夜两点多才休息。在他的带领下，经过广大干部群众的努力，阿里经济有了较快发展，1994 年全地区国民生产总值比上年增长 37.5%。他受到藏族群众的普遍称赞，被誉为“新时期领导干部的楷模”。1994 年 11 月，他在考察工作途中因车祸殉职，终年 50 岁。他被评为全国民族团结进步模范、全国先进工作者。

相关链接

世界著名的音乐大师贝多芬，小时候喜欢音乐，但因家庭经济拮据，中学毕业就失学了。正当他力克艰难靠自学在音乐上初露才华的时候，痛苦又一次降临在他的身上。26岁那年，他因严重的耳病完全失去了听觉，这对于一个音乐家来说是无以言状的痛苦。然而，“艰难困苦，玉汝于成”。贝多芬正是靠着勇于吃苦的精神，勇敢地向命运发起了挑战，以顽强的毅力、非凡的才能，写出了一篇篇激情满怀、气势磅礴的杰出乐章，成为世界古典音乐大师。

在竞争日益激烈的当代中国，青年学生肩负艰巨的任务，面临着复杂的环境，这都要求他们必须具备勇于吃苦的精神。我们进行的社会主义现代化建设事业是一项前无古人的事业，它没有现成的经验可以借鉴，也不允许任何人坐享其成。

今天，随着我国社会主义改革的不断深入，人民物质文化生活水平的不断提高，有些人想当然地认为艰苦创业精神已经过时了，不再需要了。事实果真如此吗？答案是否定的。中华民族素有艰苦创业的传统和作风，不仅把这些传统和作风发扬光大需要我们保持艰苦创业的精神，我国现阶段的具体国情也决定了我们必须高举艰苦创业的旗帜。

第三，树立集体主义价值观，旗帜鲜明地反对个人主义。

集体主义是社会主义道德的基本原则，也是新中国成立以来在道德建设上的一贯主张。正确理解集体主义原则，自觉抵制个人主义的狭隘观念，是青年学生实现人生价值的思想基础。正确理解集体主义的含义，需要正确处理集体利益和个人利益的关系。

集体利益高于个人利益。在社会主义条件下，从根本上说，集体利益和个人利益是一致的。应当提倡集体利益高于个人利益的原则，要求个人利益服从集体利益。因为，集体利益体现着集体的普遍的、长远的利益，也体现着每个集体成员根本的利益，集体利益是实现个人利益的前提和保障。集体主义强调在必要的情况下，即当国家和人民的利益受到严重威胁的紧急关头，如抵御外敌入侵、抢险救灾等时刻，个人都应当挺身而出，以国家、人民的利益为重，直到牺牲自己宝贵的生命。

相关链接

2003年12月23日22时15分，是重庆市开县人民永远不会忘记的悲痛时刻。重庆市有史以来最大的井喷事故发生了。正在施工的中国石油西南油气田分公司川东北气矿罗家16号矿井发生井喷事故。混有剧毒硫化氢毒气的天然气顿时冲天而起，冲高达30米左右，并迅速向附近乡镇蔓延。这是一场突如其来的灾难，面对这一特大井喷事故的严峻考验，巴渝大地的优秀儿女们在危难时刻挺身而出，谱写了一曲感天动地的壮歌。

地处井喷事故所在地的重庆市开县高桥镇晓阳村，党支部书记周克安在事故发生后，急匆匆地对妻子说："赶快带着孙女往正坝方向跑！我要赶快通知村民撤离……"说着，就像箭一样地冲出家门，消失在黑夜之中，挨家挨户督促村民撤离。他熟悉地形，主动为搜救队带路，从危险区救出了一批又一批老人和孩子，却一直顾不上妻子和孙女的安危。三天后，他从搜寻到的遗体中找到了这两位亲人，痛失亲人的悲伤泪水再也无法忍住。

高桥镇初中的代课教师谭世明，当灾难袭来时，首先将电话打给学校领导，通知井喷灾情，让学校赶快组织学生转移。随后，他骑着摩托车四处呼喊乡亲们撤离，终被毒气熏倒。

当搜救人员找到谭世明的遗体时，他一只手用毛巾捂着鼻子，一只手拿着手机。手机里还有一个没来得及拨出的通知转移的号码。

面对这些以集体利益为重的崇高行为，开县的群众们动情地说："让我们记住这些普通的名字吧！"

重视个人的正当利益。集体主义在强调集体利益高于个人利益的前提下，同时强调集体必须尽力保障每个成员的个人正当利益的满足，促使个人价值的实现，并力求个人的个性和才能得到发展。因此，把集体主义看成是敌视个人或束缚个人的观点都是错误的。

旗帜鲜明地反对个人主义。个人主义人生观是一切从个人出发，把个人的利益放在集体利益之上的人生观，主张个人本身就是目的，具有最高价值，社会和他人只是达到个人目的的手段。个人主义是生产资料私有制的产物，是资产阶级世界观的核心。个人主义作为资产阶级的人生观，与社会主义的为人民服务的人生观是根本对立的。

个人主义人生观就是一切从个人出发，把个人的利益放在集体利益之上，只顾自己，不顾别人的思想。它是生产资料私有制的产物，是资产阶级世界观的核心。个人主义在资产阶级革命的早期，在争取个人权利和自由、反封建专制方面，具有积极意义，但是从19世纪开始，一些敏锐的资产阶级思想家就已经意识到个人主义还同时具有消蚀社会的一面。20世纪以来，西方思想家对个人主义的批判更是不绝于耳。个人主义作为资产阶级的人生观，与社会主义的为人民服务的人生观是根本对立的。极端个人主义是个人主义人生观的一种重要表现形式，它突出强调以个人为中心，否认社会和他人的价值，甚至不惜采用损人利己的方式来追求自己的人生目标。极端个人主义在个人与他人、与社会的关系上表现为极端利己主义和狭隘功利主义。我们应旗帜鲜明地反对个人主义，反对个人主义人生观特别是极端个人主义人生观。

奉行个人主义人生观的人，做什么事首先考虑的是自己的利益，对自己有利的事做，无利的事不沾边，甚至尊奉“人不为己，天诛地灭”。利己主义的实质是自私自利，奉行这种人生观的人不仅难成大事，而且人际关系也会很紧张。

高尔基曾说过：“利己的人最先灭亡，他自己活着，并为自己而生活，如果他的这个‘我’被损坏了，那他就无法生存了。他的面前一片黑暗，只有利己主义和注定的悲哀。但是，人如果不是为个人活着，而是把自己溶化在社会里，那便很难杀死他。因为想杀死他，就必须杀死周围的一切，杀死整个国家、整个生活才行。”

相关链接

医药天才的不归路

新世纪的第一张日历刚刚翻起，某大城市就爆出了一条令人瞠目的新闻，该市警方向外界宣布：经本局公安民警的认真调查，一宗在本市缉毒史上罕见的贩卖毒品案已经告破，涉嫌此案的两名男子全部落入了法网，警方缴获的毒品重量竟高达26公斤。特别值得一提的是，其中一名犯罪嫌疑人员的身份较为特殊，他不仅是供职于国家某药品研究所的公职人员，而且还是一名具有指导医药学博士研究生资格的高级研究员。他的名字在社会上可能不被众人所知，但据称在中医药界，他可算得上是一位小有名气的人，因为像他那样拥有各类职称和众多荣誉的人毕竟不是随处可见——他就是刘某某，今年不到 60 岁。由于他在日常生活中不够检点，早就在外面养起了情人，过上了颓废、糜烂的生活。他交待道："养情人是不能没有钱的，可我那点死工资又能干什么呢？为了不失一个男人的尊严，为了满足自己那颗脆弱的虚荣心，我不肯退缩。经过较长时间的苦苦思索，我决定进行一次'内部挖潜'的尝试，就是用我所掌握的医药学知识'做点赚钱的文章'。根据道听途说来的'市场行情'，我最终竟胆大包天、鬼使神差地把目光锁定到了贩卖毒品上。熟谙医药学常识的我，当时心里就十分清楚：贩卖毒品绝对不是件好玩的事，弄不好会掉脑袋的。可最终金钱的诱惑还是战胜了我的理智，我决定铤而走险了。"这名中国中医研究院中药研究所研究员、博士生导师，可以称得上"戒毒专家"，然而他却因制毒贩毒被法院以贩卖、制造毒品罪一审判处死刑，其教训令人深思。

实践证明，如果一个人在人生观上出了问题，必然缺乏远大理想，目光短浅，他所追求的是满足个人的私欲。当个人的私欲得不到满足时，就会损公肥私、损人利己，甚至违法乱纪，走向腐败。审视前一时期受到惩治的腐败分子，他们无一不是放松了思想警惕，丢掉了理想和信念，在人生观上发生了问题，进而一步一步走向深渊的。前车之覆，当为后车之鉴。

第四，在实现民族复兴的伟业中实现人生价值。

1957 年 11 月，毛泽东赴苏联参加十月革命四十周年庆典和世界共产党工人党代表会议。11 月 17 日，毛泽东在莫斯科大学的礼堂，面对几千名中国学子发表了著名讲话。他说："世界是你们的，也是我们的，但是归根结底是你们的。你们青年人朝气蓬勃，正在兴旺时期，好像早晨八九点钟的太阳。希望寄托在你们身上。"毛泽东的讲话，是对新中国第一代留学生的希望、鞭策和鼓励，也是对中国全体青年一代的希望、鞭策和鼓励。他以无产阶级政治家的胸怀，放眼世界，把握未来，表达了信任青年、依靠青年、寄希望于青年的马克思主义的青年观。在改革开放的过程中，邓小平同志也十分关注青年的成长与社会主义建设事业的关系，殷切地勉励青年一代要做"有理想、有道德、有文化、有纪律"的"四有"新人。党的第三代中央领导集体继承和发展了马克思主义的青年观，在新的历史时期，向青年一代提出了新的要求，教育青年要树立集体主义的人生价值观，把个人前途与国家前途紧密结合起来，把个人的抱负与祖国的建设紧密结合起来，把个人的追求与人民群众的创造性历史活动紧密结合起来，把个人的作用与群众的力量汇集在一起。

当代青年学生应该充分认识到，实现自我价值与实现社会主义现代化、实现中华民族的伟大复兴是辩证统一的关系。离开全体人民的奋斗和创造，国家富强、人民富裕和中华民族的复兴将是一句空话；而离开了集体的、阶级的、国家的、民族的利益，任何自我价值都会成为无源之水、无本之木。因此，当代青年学生应该认清自己肩负的时代重任，在改革开放和现代化建设的广阔舞台上，充分发挥自己的聪明才智，展现自己的人生价值，努力创造无愧于时代和人民的业绩，在实现中华民族伟大复兴的壮丽事业中书写辉煌的历史篇章。

思考与训练

一、选择题

1. 人的社会属性表现在（　　）

A. 人是社会化的产物　　B. 人的生产活动具有社会性

C. 人的生活具有社会性　　D. 人的语言和思维具有社会性

2. 人的本质属性是（　　）

A. 自然属性　　B. 人的个性

C. 社会属性　　D. 动物的自保性

3. 哲学层面的价值是指（　　）

A. 经济价值　　B. 客观事物对人们需要的满足

C. 道德价值　　D. 对人们的有用性

4. 衡量人生价值的标准是（　　）

A. 要看多大程度上满足了个人的需要

B. 个人对社会发展和完善作出贡献的大小

C. 主要是看物质贡献的大小

D. 包括物质贡献和精神贡献两个方面

5. 实现人生价值的主观条件主要包括（　　）

A. 正确认识人生责任的实质

B. 正确处理人生责任与人生权利的关系

C. 要全面提高个人素质

D. 认清时代使命和社会责任

二、辨析题

1. 人生价值在于对社会的贡献。

2. “没有钱是万万不能的，但金钱不是万能的。”

3. 集体约束人的个性，是个人发展的障碍。

三、简答题

1. 实现人生价值的基本途径有哪些？

2. 怎样理解个人发展与社会发展的关系？

四、论述题

结合自己所学的学前教育专业，谈谈如何实现自己的人生价值。

参考文献

[1] 韩树英. 通俗哲学（修订版）[M]. 北京：中国青年出版社，2011.

[2] 周桂钿. 十五堂哲学课 [M]. 北京：中华书局，2007.

[3] [美] 查尔斯·哈奈尔. 世界上最神奇的 24 堂课 [M]. 福源译. 北京：新世界出版社，2008.

[4] 刘汉洪. 快乐改变命运 [M]. 长沙：湖南人民出版社，2010.

[5] [美] 卡迈恩·加洛. 乔布斯的魔力演讲 [M]. 北京：中信出版社，2010.

[6] 程星. 世界一流大学管理之道 [M]. 北京：北京大学出版社，2011.

[7] 陈志坚. 欧洲卷　哲学简史 [M]. 北京：线装书局，2006.

[8] 赵光武. 辩证唯物主义和历史唯物主义 [M]. 北京：北京大学出版社，1992.

[9] 张笑恒. 北大哲学课 [M]. 北京：中国戏剧出版社，2011.

[10] 肖悦. 性格改变孩子一生 [M]. 北京：中国妇女出版社，2010.

[11] 吴晓波. 激荡三十年 [M]. 北京：中信出版社，2009.

[12] 林少波. 担当 [M]. 北京：中国纺织出版社，2011.

[13] 姚颖颖. 听哲学大师讲人生 [M]. 北京：中国商业出版社，2009.

[14] 赵家祥，王元明. 哲学基础知识 [M]. 北京：高等教育出版社，2005.